C.H.BECK WISSEN

In aktuellen Debatten um die Aufarbeitung kolonialen Unrechts werden die Künste Afrikas zusehends auf die Aspekte gewaltvoller Aneignung durch westliche Kolonialakteure reduziert. Ein weiter gefasster Blick eröffnet im Unterschied dazu die Möglichkeit, die Objekte in ihrer Komplexität zu verstehen und die von Grund auf europäisch-westlich geprägte Disziplin der Kunstgeschichte neu zu verorten.

Kerstin Pinther ist Kuratorin für moderne und zeitgenössische Kunst im globalen Kontext an den Staatlichen Museen Berlin. Ihre Spezialisierung in Forschung und Lehre liegt auf den Künsten Afrikas.

Kerstin Pinther

DIE KUNST AFRIKAS

C.H.Beck

Mit 54 Abbildungen, davon 19 in Farbe

Hintere Umschlaginnenseite:
Die Staaten Afrikas heute, © Peter Palm

Originalausgabe

www.chbeck.de
Reihengestaltung Umschlag: Uwe Göbel (Original 1995, mit Logo),
Marion Blomeyer (Überarbeitung 2018)
Umschlagabbildung: Raffia-Stoff, Detail, Kuba (DRK),
Mitte 20. Jahrhundert, gefärbte Raffiafaser, Detroit Institute of Arts
Satz: Fotosatz Amann, Memmingen
Druck und Bindung: Druckerei C.H.Beck, Nördlingen
Printed in Germany
ISBN 978 3 406 78807 9

myclimate

klimaneutral produziert
www.chbeck.de/nachhaltig

Inhalt

Einführung 7
Zum Kunstbegriff 9
Kulturelle Austauschbeziehungen: Objekte in Bewegung . . . 12
Forschungsgeschichte: Ethnologie und Kunstgeschichte . . . 20
Rezeptionskontexte: Kunst und Kunstgewerbe 24
Transatlantische Netzwerke, Feldstudien und lokales Wissen 27

Künstlerische Gestaltung und ästhetische Konventionen 37
Werkstätten und individuelle Autorschaft 39
Yoruba-Kunst und Kunstgeschichte 43
Plastische Formen zwischen Naturalismus und Abstraktion 46
Ausgewogenheit der Form und symmetrische Balance 49
Geometrische und abstrakte Designs als Wissensarchive . . . 52
Materialästhetik: Holz, Terrakotta und Eisen 59
Akkumulation als ästhetisches und inhaltliches Prinzip 64

Die Höfischen Künste 68
Kumasi: Der Goldene Hocker als Amtssymbol 70
Verbindungen zwischen den visuellen und den verbalen Künsten 79
Beninobjekte als Kunstwerke und rituelles Inventar 81
Gedenkköpfe und Schreine als materielle und symbolische Assemblagen 86
Gedenkfiguren und Objektkunst in Mushenge 90

Künstlerische Praktiken, Kunsthandeln und kulturelles Erbe 98
Ephemere Werkformen und Kunst als Prozess 100
Performativität und Masken als Gesamtkunstwerke 102

Gesten des Zeigens und Erzähl-Performances 108
Wirkmächtigkeit von Objekten und Ikonoklasmus 111
Koloniale Herrschaft und künstlerische Produktion 115

Epilog 121
Auswahlbibliographie und zitierte Literatur 124
Bildnachweis 127

Einführung

Die Kunst Afrikas, die in dieser Generalisierung ebenso wenig existiert wie eine europäische, asiatische oder amerikanische Kunst, dient(e) in der westlichen Welt immer wieder als Projektionsfläche für wissenschaftliche Spekulationen oder künstlerische Erneuerungen. In aktuellen Debatten um die Aufarbeitung kolonialen Unrechts wird sie zusehends auf die Aspekte gewaltvoller Aneignung durch westliche Kolonialakteure reduziert. Diese perspektivische Einengung birgt die Gefahr, die Komplexität der Objekte zu nivellieren und sie ein weiteres Mal um ihren gestalterischen und ästhetischen Eigenwert zu bringen und ihre vielschichtigen Situierungen auszublenden. Ein weit gefasster Blick auf die Künste Afrikas eröffnet im Unterschied dazu die Möglichkeit, die von Grund auf europäisch-westlich geprägte Disziplin der Kunstgeschichte zu de-zentrieren. Dabei ist nicht nur die kanonische Dominanz euro-amerikanischer Kunst in ihren Narrativen, Sammlungen und Ausstellungen zu relativieren, sondern auch ihre unhinterfragten und bis heute wirkmächtigen Prämissen – wie etwa die der Autonomie der Kunst, der Gattungshierarchien oder des Künstlergenies.

Diese Einführung in die historischen Künste Afrikas mit ihren globalen Bezügen nach Asien, Europa und in die Amerikas, ist aus der Perspektive einer afrikanistischen Kunstgeschichte geschrieben. Es werden alle Regionen berücksichtigt, wobei ein Schwerpunkt auf West- und Zentralafrika liegt. Neben der exemplarischen Analyse einzelner Werke werden künstlerische Praktiken und Genres in den Blick genommen und unterschiedliche kunst- und kulturwissenschaftliche Zugänge skizziert. Nicht nur weithin bekannte Ikonen – vor allem Masken und Skulpturen – stehen im Fokus, sondern auch ästhetisch gestaltete Prestige- und Alltagsgegenstände aus Holz, Metall, Keramik, Elfenbein, Textil oder pflanzlichen Materialien. Damit beabsichtige ich, die in den diversen afrikanischen Gesellschaften etablierten Genealogien, Klassifikationen und Gattungshierarchien zumindest teilweise aufzunehmen. Während Textilien beispielsweise im europäischen Kunst-Kontext eine mindere Position zugeschrieben wurde, gelten sie in vielen Regionen Afrikas bis in die Gegenwart als zentrales Medium. Mein Anliegen ist es, diese in Überblicksdarstellungen zur Kunstgeschichte Afrikas wenig beachteten gestalterischen Formen einzubeziehen und damit zugleich andere Sammlungszusammenhänge wie etwa die der kunstgewerblichen Museen zu thematisieren. Eine den Kanon in Teilen erweiternde Perspektive ist gewählt. Dazu gehört es, der weit verbreiteten Annahme entgegenzutreten, die Künste in Afrika seien allein funktional und vor allem durch religiöse Zusammenhänge bedingt. Hier gilt es sich zu vergegenwärtigen, dass auch in Europa die Vorstellung einer Autonomie der Kunst erst im 18. Jahrhundert aufkam und die Abgrenzung zwischen den sogenannten freien und den angewandten Künsten seit dem 16. Jahrhundert immer wieder neu ausgehandelt wurde. Oft verbindet sich mit ihnen ein praktischer Nutzen und ihre Funktionen reichen von ritueller oder politischer Bedeutsamkeit über einen primär ästhetischen hin zu einem ‹reinen› Unterhaltungswert. Meistens überlagern sich mehrere Aspekte in einem Werk und die ästhetische Gestaltung und ihre Bedeutung konstituieren sich wechselseitig. Eine wichtige Komponente des Objektgebrauchs ist seine Eingebundenheit in – alle Sinne einschließende – performative Praktiken. Weiterhin gilt es, die Künste Afrikas in ihrer Historizität und nicht, wie lange geschehen, als statisch und allein rural verankert zu betrachten. Ein Anliegen ist es, sie nicht als abgeschlossen, sondern in ihren thematischen und formal-ästhetischen Bezügen zur modernen und zeitgenössischen Kunst des Kontinents und seiner Diaspora zu diskutieren.

Das Buch gibt einen prägnanten Überblick über die historischen Kunstentwicklungen Afrikas. Bei einem Kontinent, der circa dreißig Millionen Quadratkilometer und vierundfünfzig Länder umfasst, auf dem etwa 1,3 Milliarden Menschen leben und ungefähr zweitausend Sprachen gesprochen werden, ist es offensichtlich, dass die künstlerische Produktion nicht in Gänze vorgestellt werden kann. Es handelt sich hier um ein historisch und geographisch weites und komplexes Feld, das selbst nach Jahrzehnten kunstwissenschaftlicher Forschung außerhalb des Kontinents und auf diesem selbst in seinen Erscheinungs- und Gestaltungsweisen nicht gleichermaßen für alle Regionen in den Blick genommen wurde. Die Klammer ‹Afrika› ist rein geografischer Natur und verdeckt den Blick auf die Vielschichtigkeit des Kontinents mit seinen historischen Kontaktzonen – dem Mittelmeerraum, dem Atlantik und dem Indischen Ozean. Die Rede von der ‹Kunst Afrikas› birgt die Gefahr, die Vorstellung eines einheitlichen künstlerischen Feldes von inhärenter Kohärenz zu erzeugen und die Vielfalt und Komplexität der Künste in essentialistischen Bestimmungen zu reduzieren. Ich spreche daher von den historischen Künsten Afrikas und möchte mit dem Plural ihre Vielstimmigkeit, ihre Differenz und ihre Komplexität aufzeigen.

Zum Kunstbegriff

Wann ist Kunst? – diese Frage von Nelson Goodman verweist darauf, dass ‹Kunst› nicht das absolute oder gleichsam natürliche Phänomen darstellt, als welches sie manchmal ausgegeben wird. Demnach läge der Kunststatus im Objekt oder im künstlerischen Genie begründet, wahlweise auch im subjektiven Auge der Betrachtenden. Dass es sich bei der Kategorie ‹Kunst› um eine konstruierte handelt und um einen keinesfalls stabilen, sondern historisch gewachsenen Vereinbarungsbegriff, ist eine wichtige Voraussetzung für die kritische Beschäftigung mit allen Feldern der Kunst. Auch in Bezug auf die afrikanistische Kunstgeschichte gilt es festzuhalten, dass die Gesellschaften, aus denen die Artefakte stammen, (selbstverständlich) keinen Kunstbegriff im westlichen Sinne verwenden. Die Gruppe der Artefakte, die wir in unterschiedlichen historischen Konstellationen als ‹Kunst›, ‹Handwerk› oder ‹Design› identifizieren, werden in afrikanischen Gesellschaften nicht in gleicher Weise verstanden, schreibt Susan Vogel (1989). Vielmehr assoziiert man eine ästhetische Erfahrung mit Objekten, die bestimmte Eigenschaften besitzen. Suzanne Preston Blier (2018) hat eine Reihe von Ausdrücken und Konzepten, die sich auf besonders gestaltete Objekte, kreative Personen, Standards der Formgebung, Künstlerinnen und Künstler, die schöpferische Kreativität oder die Kraft der Imagination beziehen, zusammengestellt. Häufig rekurrieren diesbezügliche Termini auf spezifische Fertigkeiten oder den Objekten inhärente Eigenschaften. Das Fon-Wort (Benin) für Kunst, *alonuzu*, beschreibt etwas Handgemachtes. Im Ewe, das in Teilen Togos und Ghanas gesprochen wird, deckt der Begriff *adanu* den Bereich der Kunst, Technik und der Ornamentik ab; der Satz *e do adanu* meint wörtlich «ein Werk von Wert produzieren». Der Terminus *oka* des in Nigeria und Kamerun verbreiteten Ejagham zielt auf etwas Immaterielles, nämlich das Talent eines Menschen, andere zum Staunen zu bringen. In weiteren Sprachen und darin praktizierten Kunstkritiken wird besonders die Qualität des Geschaffenen herausgestellt: Im Yoruba etwa meint das Verb *onà* Design, Muster, Kunst, Form, aber auch künstlerische Verzierung und Verschönerung, Schönheit. *Olona* bezeichnet den Künstler, *iro* die Imagination und *imo* das Wissen, *ito imo* verweist auf die Entschlüsselung von kodiertem Wissen und unterstreicht den kommunikativen Charakter von Artefakten. In den aufgeführten Sprachbeispielen wird deutlich, dass der Kunstbegriff auf das engste mit der jeweiligen Gesellschaft und ihren kulturellen und sozialen Praktiken verbunden ist.

Einige der gebräuchlichen Objektklassifikationen unterteilen gestaltete Gegenstände weniger nach ihren Form- als nach ihren Materialaspekten. An die Werkstoffe und ihre Bearbeitungstechniken knüpft sich nicht nur eine nach Geschlechtern organisierte Arbeitsweise – Männer sind in der Regel Holzbildhauer, Schmiede und häufig Weber, Frauen Keramikerinnen, manchmal Weberinnen, Färberinnen und Stickerinnen. Der Kunsthistoriker Arnold Rubin (1974) hat auf die zwei grundsätzlich verschiedenen Erscheinungs- und Wirkungsweisen von Materialität hingewiesen. Während die visuelle und haptische Gestaltung eines Werkes die Anziehungskraft und Pracht eines Objektes steigert, werden andere Werkstoffe wegen der ihnen zugeschriebenen Wirkmächtigkeit eingesetzt. Oft handelt es sich um animierte, mit einer besonderen Energie angereicherte Substanzen, die weniger auf Repräsentation denn auf Vergegenwärtigung einer spirituellen Kraft ausgelegt sind. Deshalb sind Vogel (1999) zufolge zwar Kunstschaffende in ihren Gesellschaften und darüber hinaus oft namentlich bekannt, werden aber nicht zwingend und überall mit individuellen Werken assoziiert. Stattdessen sind es die Auftraggeber oder die religiösen Spezialisten, die das Werk ‹aktiviert› haben, deren Namen, gebunden an die Arbeit, weitergegeben und erinnert werden. In anderen Fällen, wie etwa in den Yoruba-Gesellschaften, spielen individuelle Künstler und Künstlerinnen und ihre Werke eine herausragende Rolle; mündlich rezitierte *oriki*-Preisgedichte waren ihnen gewidmet.

All diese verschiedenen Aspekte des Kunsthandelns machen deutlich, dass die Diskussion von Kunstbegriffen weitere zentrale Fragen beinhaltet, wie etwa die, ob mit den vorherrschenden westlichen Bild- und Objektkonzepten die Eigenarten von Artefakten aus Afrika überhaupt adäquat erfasst werden können. Neben die ikonografische Frage, wen oder was ein Artefakt repräsentiert, tritt die Frage nach seiner Handlungsmacht: «Was macht ein Artefakt?» Es gilt, scheinbar universale Vorstellungen wie die des unbelebten Objektes kritisch zu hinterfragen, da Gegenstände auch in der Kategorie von Subjekten und als aktiv Handelnde wahrgenommen werden können. Neben den Bezeichnungen, dem Sprechen und Urteilen über die ästhetische Gestaltung von ‹Objekten› manifestieren sich die verschiedenen Kunstauffassungen auch im Gebrauch, zum Beispiel in besonderen Formen des Zeigens und des Displays von Artefakten. Solche ästhetischen Dispositive, die vorgeben, wie auf die Dinge geschaut wird, können auf Dauer oder – etwa in einem Ritual oder einem zeremoniellen Aufzug – nur auf einen bestimmten Augenblick hin angelegt sein. Damit erlangt das Ephemere und Temporäre eine größere Bedeutung. Mit der Frage nach Kunstbegriffen und nicht-westlichen Ästhetiken unmittelbar verbunden ist die nach dem Status von Künstlerinnen und Künstlern. Vor allem in höfischen und städtischen Kontexten waren Kunstschaffende hauptberuflich tätig. Sie waren in Gilden organisiert oder an bestimmte Orte gebunden. In anderen Fällen, oft in sogenannten egalitären Gesellschaften ohne zentrale politische Instanzen, gingen sie ihrer Arbeit nur gelegentlich nach, zum Beispiel dann, wenn es der agrarische Zyklus erlaubte. Im Falle des später noch ausführlicher erwähnten *mbari*-Schreines war die wichtigste Person der Künstler. Zwar trug das fertige Gebäude seine Signatur, beim Bau wurde er aber von der gesamten Gemeinschaft unterstützt. Andere Werke wiederum durften ohne Beschränkungen hergestellt werden. Lange Zeit herrschte auch in der wissenschaftlichen Forschung die Vorstellung, Kunstschaffende in Afrika wären durch starre Traditionen eingeschränkt und auf die Wiederholung statischer Formen festgelegt. Heute weiß man, dass standardmäßige Repetitionen zwar manchmal verlangt waren, doch überwiegen die Belege für dynamische Prozesse künstlerischer Erneuerung, in denen besonders transkulturelle Kontaktmomente und Austauschbeziehungen innerhalb des Kontinents wie auch mit Asien oder Europa produktiv waren – und sich buchstäblich in den Objekten materialisierten.

Kulturelle Austauschbeziehungen: Objekte in Bewegung

Die ältesten Artefakte aus dem subsaharischen Afrika gelangten mit der überseeischen Expansion Portugals ab Mitte des 15. Jahrhunderts an die europäischen Höfe der Frühen Neuzeit. Bereits vorher, ab dem 8. Jahrhundert, wurden von Kamelkarawanen Rohstoffe – vor allem Gold aus dem Süden – gegen Salz, Textilien und Perlen aus den nördlichen (Welt-)Regionen durch die Sahara gehandelt. Archäologische Ausgrabungen auf den Gebieten der heutigen Staaten Mauretanien und Mali beförderten Schmuck aus Nordafrika und Keramikfragmente aus Syrien sowie feine Scherben chinesischen Porzellans aus der Song-Dynastie (datiert auf das 10./11. Jahrhundert) zutage. An den Endpunkten der Transsahara-Routen, die das nördliche und westliche Afrika miteinander verbanden, etablierten sich zwischen dem 9. und 16. Jahrhundert die Großreiche Ghana, Mali, Songhai und Kanem-Bornu. Auch die Ausbreitung des Islam und der mit ihm verbundenen Artefakte erfolgte sukzessive entlang dieser Karawanenwege. In der Hauptstadt des alten Ghana-Reiches, Koumbi Saleh, sind Überreste der ersten im subsaharischen Afrika errichteten Moschee aus dem 9. Jahrhundert erhalten. Besonders ihr Grundriss und die Ausgestaltung der Gebetsnische mit Keramikfliesen offenbaren große Ähnlichkeiten mit fatimidischen Bauwerken aus dem Maghreb. Von Al-Bakri, einem in Andalusien residierenden arabischen Geographen, stammen ausführliche Beschreibungen von Koumbi Saleh als einer zwar zweigeteilten, von muslimischen Händlern und Einheimischen aber gemeinsam bewohnten Stadt. Der Islam, als eine mehr und mehr Kulturen und Künste im subsaharischen Afrika konfigurierende Kraft, scheint hier deutlich auf. Knapp drei Jahrhunderte später zeichnet eine Doppelseite im *Katalanischen Atlas* ein beeindruckendes Bild von Mansa Musa, dem Herrscher über das Mali-Reich (Abb. 8). Er ist auf einem Thron sitzend, mit goldener Krone und Zepter dargestellt, eine große Goldkugel in der Hand haltend. Unter seiner Regierung stieg Timbuktu zu einem Zentrum islamischer Gelehrsamkeit auf, in dem wissenschaftliche Texte, historische Chroniken sowie religiöse Dichtung verfasst und kopiert wurden. Unter den bis heute erhaltenen Manuskripten befinden sich zahlreiche sogenannte *Ajami*-Texte – phonografische Verschriftlichungen von afrikanischen Sprachen mit Hilfe eines modifizierten arabischen Alphabets. Sie bedeuten heute ein wichtiges kulturelles Archiv regionaler und translokaler Wissenstraditionen in den unterschiedlichsten Feldern. Neben den Handschriften sind auch die Lehmarchitekturen – darunter die Moschee von Djenné und einige Bürgerhäuser – ein Beleg dafür, dass die Sahara keine Barriere, sondern einen transkulturellen Verbindungsraum zwischen den mediterranen und den subsaharischen Gesellschaften darstellte. Der sich damals etablierende Baustil aus Adobe-Lehmziegeln statt der vor Ort gebräuchlicheren Aufbautechnik ist architekturhistorisch nach Nordafrika zu verorten, wohingegen die anthropomorphisierenden, also menschenähnliche, Formen einheimische Elemente darstellen.

Für Verschmelzungen unterschiedlicher ästhetischer und gestalterischer Konventionen in einer verflechtungsgeschichtlich als «Globale Frühe Neuzeit» neu gedachten Epoche steht eine Gruppe von Metallgegenständen, die auf den Gebieten des heutigen Nigerias und Ghanas gefunden wurden. Offenkundig waren die mit arabischen Inschriften und feinen Dekors überzogenen und teils mit Metalleinlagen verzierten Schalen und Gefäße auf den west-östlich verlaufenden Fernverbindungen transportiert worden. Die aus Kupferlegierungen kunstvoll gefertigten Gegenstände werden mit dem ägyptisch-syrischen Sultanat der Mamluken in Verbindung gebracht. Zeitnah ihrer Herstellung zwischen 1450 und 1550 müssen sie von Damaskus oder Kairo aus durch die Sahara vertrieben worden sein. Als einer der Ersten stieß Raymond Silverman (1983, 2015) während kunsthistorischer Forschungen in Ghana auf derartige Schalen und Becken, die zweckentfremdet in rituelle Kontexte integriert worden waren. Weitere Studien machten deutlich, dass die mamlukischen Metallarbeiten neben Gefäßen aus Nordafrika in den Akan-Gesellschaften des südlichen Ghanas als Prototypen neuer Objektgattungen fungierten – darunter Schalen mit konkaven Wänden, zweiteilige Behältnisse oder auf einer Art Sockel stehende Metallgefäße. Jene auf Twi *nkuduo* genannte Behältnisse waren teilweise aus den eingeführten und recycelten Stücken hergestellt und dienten der Aufbewahrung von Goldstaub (Abb. 9). Manche Gefäßoberflächen waren mit Inschriften überzogen, die arabische Zeichen nachahmten oder Schlösser imitierten; andere folgten stärker den figurativen Formen der Akan-Künste. In jedem Fall stehen solche zirkulierenden Objekte und Konzepte für die Allgegenwart kultureller Austauschbeziehungen, die wiederum künstlerische Synthesen und gestalterische Verschränkungen anregten. Eine globale Dimension in anderer Richtung eröffnete sich mit der sukzessiven Verlagerung des Fernhandels vom Inneren des Kontinents an die west- und zentralafrikanischen Küsten.

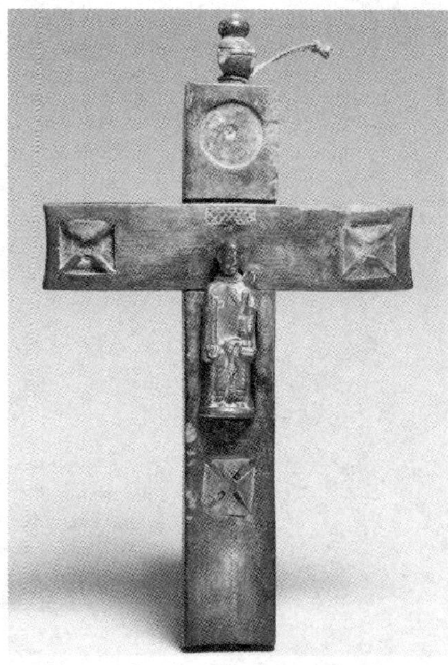

1 Kreuz mit einer Darstellung von Toni Malau, Republik Kongo, DRK oder Angola, Figur 16.–17. Jahrhundert, Kreuz 19. Jahrhundert, Messing, Blei-Zinn-Legierung und Holz, 32,4 cm, Metropolitan Museum of Art, New York

Die merkantile Expansion Portugals im späten 15. Jahrhundert war von Anfang an begleitet von Objektwanderungen sowie jeweils von ortsspezifischen Aneignungen und künstlerischen Adaptionen. Sie ging auch mit einer katholischen Missionstätigkeit einher, die ihrerseits christliche Artefakte mitführte und eigene Übersetzungen und Umdeutungen provozierte. Von den Portugiesen mitgeführte Holzstatuen beispielsweise bildeten den Heiligen Antonius von Padua, den Schutzheiligen der Seefahrer, ab. Ihre Existenz allerdings ist nur noch über schriftliche Dokumente nachvollziehbar. In den Gebieten des damaligen Kongoreiches wurde daraus Toni Malau, der einen kleinen auf einem Thron sitzenden schwarzen Messias in den Armen

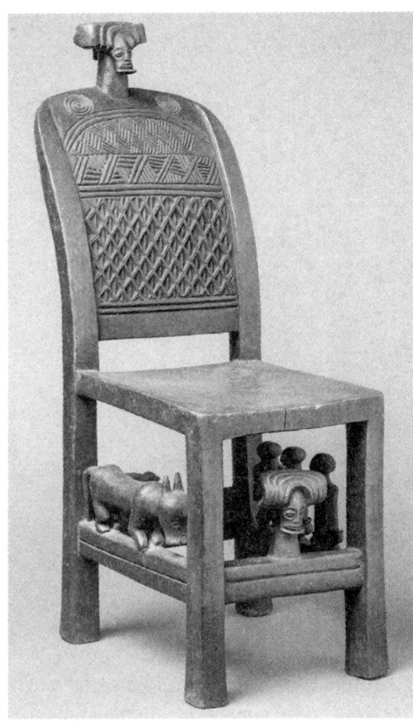

2 Stuhl einer hochrangigen Person mit einem figürlichen Bildprogramm, das die Darstellung einer Chihongo-Miniaturmaske einschließt, gefertigt von einem Bildhauer der Chokwe, Angola/DRK Kongo, Museum am Rothenbaum, Kulturen und Künste der Welt, Hamburg

hält (Abb. 1). Weitere Adaptionen christlicher Motive deuten den ans Kreuz genagelten Jesus im Sinne lokaler Herrscherattribute als zweigeschlechtlich. An europäische Modelle angelehnte Stühle (etwa der Chokwe aus dem Gebiet des heutigen Angola, Abb. 2), die den lokalen Techniken, Objekte aus einem Stück Holz zu fertigen, oftmals folgten, sind weitere Beispiele eines ästhetischen und konzeptuellen Cross-over. Die figurative Ausgestaltung war zumeist lokalen Themen und Symbolen entlehnt.

Heute oft als ‹afro-portugiesische› Elfenbeinarbeit bezeichnete Objekte markieren die kulturellen Austauschbeziehungen zwischen Afrika und Europa in umgekehrter Richtung. Sie stammen aus verschiedenen Regionen: aus dem damaligen Königreich Sapi im heutigen Sierra Leone genauso wie aus Gebie-

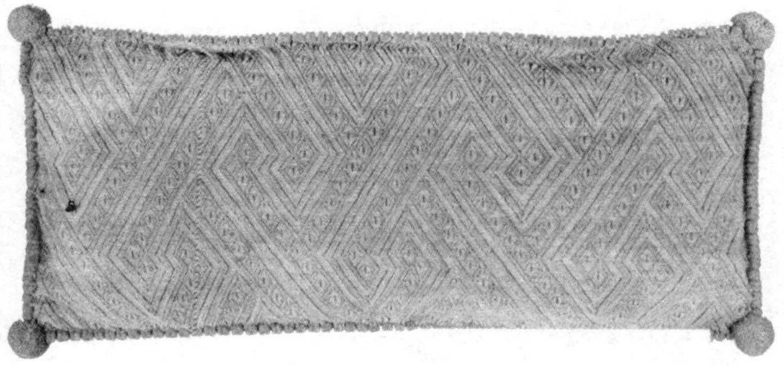

3 Kissenbezug, DRK, Republik Kongo oder Angola, 16.–17. Jahrhundert, Raffia, 23 x 53 cm, British Museum, London

ten des südlichen Nigerias mit Yoruba- und Edo-Bildhauern. Offensichtlich handelte es sich bei den fein geschnitzten Salzgefäßen, Löffeln und Jagdhörnern um direkte Auftragsarbeiten portugiesischer Akteure. Was diese ‹Kontaktzonen-Künste› auszeichnet, ist ihr transkultureller Charakter. In ihnen vermischen sich westafrikanische Abbildungstraditionen mit den Bedürfnissen, die sich aus den höfischen Praktiken des Zeigens und der Zirkulation von Objekten in Europa ergaben. Salzgefäße, wie sie sich heute in zahlreichen Museen befinden, entsprachen vom Objekttypus und ihrer Ausgestaltung eindeutig westlichen Konventionen. Ein zweiteiliges Gefäß, ehemals aus der Brandenburgisch-Preußischen Kunstkammer, bildet die portugiesischen Händler, erkennbar an Kleidung und Helm, selbst ab; die Darstellung der Tiere, eine sich um das Salzfässchen ringelnde Schlange, entstammt dem Formenrepertoire der Sapi-Schnitzer (Abb. 10). Ab dem 16. Jahrhundert gelangten vermehrt auch Textilien aus Raffiafasern als Luxusgüter an die Höfe in Italien, Portugal oder Dänemark. Ein Fresko von Lorenzo und Giacomo Salimbeni, *Szenen aus dem Leben Johannes des Täufers* (ca. 1418, Abb. 11), bildet gleich mehrere solcher Stoffe präzise ab und belegt deren weitreichende Rezeption. Diese aufwendig verzierten Webstoffe stammten unter anderem aus den Kongo-Königtümern. Im Rahmen eines diplomatischen

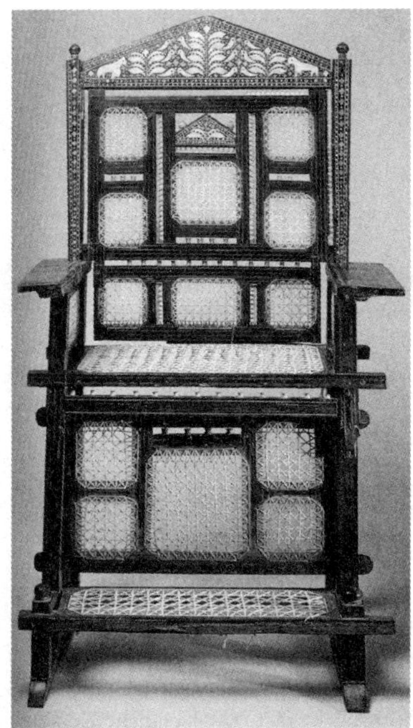

4 *Kiti cha enzi* (Swahili, wörtlich «Stuhl der Macht»), Holz und Elfenbein, 123 cm, Fowler Museum of Cultural History, University of California, Los Angeles

Austausches mit Europa wurden sie wahrscheinlich zu Kissen adaptiert und dem damaligen Geschmack entsprechend mit dekorativen Bommeln und Quasten versehen (Abb. 3).

(Patrizier-)Stühle (*kiti cha enzi*) aus dunklen Hölzern und mit Einlegarbeiten aus Elfenbein und Knochen materialisieren geradezu die komplexe Verflechtungsgeschichte einer als «Swahili-Küste» bekannten Region. Ihre aufrechte und kantige Form legt Vergleiche mit ähnlichem Mobiliar aus dem mamlukischen Ägypten nahe; wahrscheinlich ist jedoch, dass sie in spezialisierten Werkstätten nach fremden Vorbildern adaptiert und gefertigt wurden – und Eingang in die wohlhabenden Haushalte der Swahili-Eliten fanden (Abb. 4, 5). Diese standen hinter den Handelsnetzwerken an der ostafrikanischen Küste, die Hafenstädte wie Mogadishu, Mombasa oder Sofala auf dem Gebiet

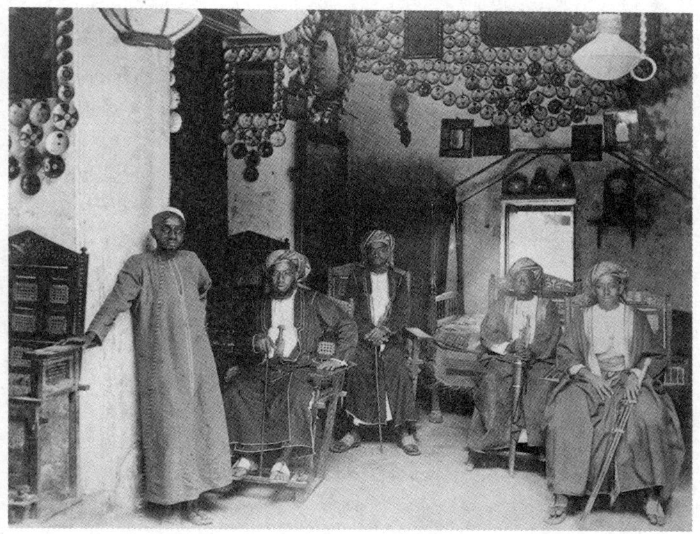

5 Sir John Kirk, Fotografie von Patriziern, die in einem reich geschmückten Empfangsraum in Lamu Town, im heutigen Kenia, sitzen, 1884, Albumprint, 22 x 28,5 cm, National Archives of Scotland, Edinburgh

des heutigen Mosambik miteinander sowie mit Partnern am Persischen Golf und in Westindien und China verbanden. Die Swahili-Küste war ein Knotenpunkt des Fernhandels, betrieben mit den *dhow* genannten Segelschiffen unter Ausnutzung der Monsunwinde. Seit dem 8. Jahrhundert erfolgte über diese Routen und die Netzwerke des Warenaustauschs auch die Verbreitung des Islam. Neben der Swahili-Sprache, die einen sehr großen Anteil arabischer Lehnworte aufweist, war der Islam eine kulturkonfigurierende Kraft, die die Künste und Ästhetik prägte. Bauwerke wie Moscheen, Heiligengräber sowie die urbanen Wohnhäuser der wohlhabenden Oberschicht wurden aus Korallenriff-Kalkstein und Mangrovenholz errichtet. Das leicht abbaubare Korallengestein wurde bei Ebbe aus dem Meer gewonnen und härtete an der Luft nach; es war vielfach einsetzbar und einfach mit einem Messer zu bearbeiten. Zusammen mit den ornamental beschnitzten Mangrovenhölzern entstanden opulente Interieurs, in deren Wandnischen importierte und lokal gefertigte Gegenstände und Luxusgüter ausgestellt wurden, womit die kosmopolitische Weltgewandtheit ihrer Bewohner und Bewohnerinnen unterstrichen wurde. Porzellangeschirr aus China übertraf seit dem 14. Jahrhundert die Einfuhr aus dem Mittleren Osten. Fein schimmernde Keramiken wurden auch in den noch feuchten Korallenputz von Heiligengräbern getrieben und bildeten so eine schmückende und zugleich schützende Haut. In den Häusern der Patrizier ersetzten ab dem frühen 19. Jahrhundert in Europa industriell gefertigte Keramikimitate das chinesische Porzellan. In ihren translokalen Bezügen dienten sie weiterhin – zusammen mit anderen Möbel- und Textilimporten aus Europa – dazu, das nach außen gewandte Ethos der Patrizierfamilien zu demonstrieren (Prita Meier 2016).

Forschungsgeschichte: Ethnologie und Kunstgeschichte

Diese im wahrsten Sinne anschaulichen Beispiele transkultureller Objekte weisen die Vorstellung von Afrika als einer homogenen geschichtslosen Monade als eine Erfindung Europas aus, wie es schon Valentin Mudimbe (1988) herausgearbeitet hat. Tatsächlich ist die zentrale Rolle des afrikanischen Kontinents in den mittelalterlichen und frühneuzeitlichen globalen Beziehungsgeflechten weitestgehend aus dem historischen Gedächtnis Europas hinausgeschrieben worden. Dazu passt, dass die genaue Herkunft vieler in den Kunst- und Wunderkammern aufbewahrter Artefakte über die Jahrhunderte in Vergessenheit geraten war. In den seit Mitte des 19. Jahrhunderts neu eingerichteten Ethnologischen Museen, wohin viele der Kunstkammerobjekte wanderten, waren folglich die regionalen Zuordnungen der ehemals als Ethnografica bezeichneten Stücke oft verkehrt. Häufig hatte das mit einer Voreingenommenheit zu tun, die jedes Anzeichen besonderer Kunstfertigkeit und technologischen Könnens eher mit Schrift-Kulturen denn mit den Gesellschaften Afrikas assoziierte. Elfenbeinschnitzereien aus Westafrika wurden wahlweise als indisch oder türkisch angesehen. Daran änderten auch die wissenschaftliche Sichtung und Aufarbeitung der Objekte aus Afrika in den neuen akademischen Disziplinen der Völkerkunde und Kunstgeschichte zunächst wenig. Zu eng verflochten waren beide Fächer mit den tendenziösen und oftmals rassistischen wissenschaftlichen Überzeugungen der sich konsolidierenden imperialen Kolonialreiche ab den 1880er Jahren. Eurozentrische Sichtweisen manifestieren sich ebenfalls in den Begriffen und Taxonomien, mit denen Artefakte aus Afrika belegt wurden. Die pejorative, später teilweise affirmativ verwendete Bezeichnung ‹primitive Kunst› basierte zunächst auf den evolutionistischen Annahmen der Ethnologie. ‹Primitiv› meinte damals ‹zeitlich am Anfang stehend›, aber auch grob, einfach, undifferenziert, inferior: eine von außen attribuierte Geschichtslosigkeit, die die Künste Afrikas, Ozeaniens oder der indigenen Gruppen in den Amerikas mit einer Emphase der Zeitlosigkeit belegte. Differenziertere Überlegungen des Ethnologen Franz Boas zum Stilwandel und seinen möglichen historischen Auslösern in *Primitive Art* (1927) standen konträr zu den in vielen ethnologischen Sammlungen bis dahin üblichen Ausstellungskonventionen. In den Displays spiegelten sich nicht nur die entsprechenden Theorien der Zeit, sondern mit der Überfülle an Objekten auch die von kolonialen Machtasymmetrien begünstigten Sammlungspraktiken. Indem afrikanischen Gesellschaften die Zeitgenossenschaft verweigert wurde, suchte man den Transfer ihrer durch die kolonialen Modernisierungsprozesse vom Verschwinden bedrohten materiellen Erzeugnisse in die westlichen Sammlungen als Akt der Rettung zu legitimieren. So hat sich beispielsweise im Berliner Völkerkundemuseum in den Jahren zwischen 1884 und 1914 – dem Zeitraum, in dem Deutschland Kolonialmacht war – die Anzahl von Artefakten aus Afrika beinahe verachtfacht, wie Paola Ivanov (2005) in ihrer kritischen Sammlungsgeschichte schreibt. Die Stücke selbst wurden als materielle Beweise kultureller und technologischer Entwicklungen im Sinne des Evolutionismus vom Einfachen zum Komplexen präsentiert. Anderen Ausstellungen lagen geographische Ordnungsprinzipien zugrunde – entweder nach den innerhalb der deutschsprachigen Ethnologie dominanten Paradigmen sogenannter Kulturkreise oder ab den 1930er Jahren nach Stilprovinzen. Während dem erstgenannten Ansatz eher kulturgeschichtliche Fragestellungen nach der historischen Verbreitung von Technologien zugrunde lagen, war die Interpretation der Objekte auf der Grundlage ihrer visuellen Form der Kunstgeschichte entliehen.

Eine wichtige Rolle innerhalb stilgeschichtlicher Debatten nahm der dänische Sammler und Kunstpublizist Carl Kjersmeier ein. Ab den 1920er Jahren hatte er eine der wichtigsten Privatsammlungen vor allem west- und zentralafrikanischer Plastiken aufgebaut, die sich heute im Nationalmuseum von Kopenhagen befindet. Zwischen 1935 und 1938 entstand seine vierbändige stilhistorische Abhandlung. Anhand von fast zweihundert Schwarzweißabbildungen und nach sehr vagen und subjektiven formalen Kriterien ordnete er afrikanische Skulpturen nach (vermeintlicher) Ethnizität und Lokalität und fasste diese dann in viele größere geografische Gruppen zusammen. Beispielsweise unterschied er zwischen der ‹sudanischen› und der ‹atlantischen Schule›: Erstere zeichne sich durch gelängte Proportionen und konkave Formen aus; Beispiele stammten von den Dogon oder Senufo. Die ‹atlantische Schule›, repräsentiert durch die Künste des Kameruner Graslandes oder der Yoruba, bevorzugte kompakte Gestaltungen und konvexe Formen. Grundlage seines Werkes war eine Vorstellung von Kulturen, die die Idee verfolgte, dass jede ethnische Gruppe gleichsam eine abgeschlossene Welt für sich darstellte mit eng aufeinander bezogenen sprachlichen, religiösen und sozialen Eigenschaften sowie entsprechenden Künsten. Ein Bewusstsein dafür, dass Stile nicht als abgegrenzte Einheiten angesehen werden können, sondern durch Kontakte, (Objekt-)Wanderungen und Handelswege erweitert wurden, fehlte. Und dennoch lebte dieser Ansatz Jahrzehnte später mit dem sogenannten «Ein-Stamm-ein-Stil-Paradigma» des britischen Kunsthistorikers William Fagg (1965) erneut auf. Die von ihm kuratierte

Ausstellung *100 Stämme, 100 Meisterwerke*, die unter anderem 1964 anlässlich des Berlin Festivals gezeigt wurde, basierte auf eben diesen Überlegungen. Sie war auch getragen von dem Wunsch, dem Kanon einer westzentrischen Kunstgeschichte die Vielfalt und Diversität afrikanischen Kunstschaffens gegenüberzustellen. Während der Kunstmarkt jene auf angeblichen ‹Stämmen› basierende Etikettierung für Artefakte aus Afrika aufgriff und bis heute verwendet, kritisierten andere, etwas der aus Guyana stammende und in Nigeria forschende Künstler Denis Williams (1974), die tribalen Unterteilungen als zu «amorphen Bezugsrahmen». Solche Erklärungen, so schreibt er, führten zu einer Verdummung der Methode, bei der ein bestimmtes Ausdrucksmittel von seinen technischen Ursprüngen, seiner Entwicklung, seiner ikonischen Ausrichtung und seiner räumlichen Verbreitung abgekoppelt würde. Eine solche Haltung verweigere sich der Anerkennung historischer Dynamiken und basiere, wie Sidney Kasfir (1984) feststellte, auf kolonialen Annahmen politischer Organisationsweisen in Afrika.

Carl Kjersmeier (1935–1938) trug mit seinem Versuch einer ersten Systematisierung maßgeblich zur Kanonbildung auf dem Feld der Künste Afrikas bei – allerdings mit einem Werkkorpus, der ihre Geschichte nur unzureichend abzubilden vermochte. Nicht nur basierten seine Überlegungen auf Werken der Bildhauerkunst, die vorwiegend in der zweiten Hälfte des 19. und Anfang des 20. Jahrhunderts in West- und Zentralafrika entstanden und damit sowohl zeitlich wie auch örtlich begrenzt waren. Vielmehr ging mit der alleinigen Fokussierung auf nur unzureichend dokumentierte Sammlungen auch eine inhaltliche Beschränkung einher, da sie nur einen Bruchteil der künstlerischen Produktion berücksichtigte. Ephemere Künste, die Bedeutung des Performativen, textile Praktiken und vieles mehr blieb unbeachtet. Neue Impulse kamen ab den 1930er Jahren mit den ersten längeren ethnologischen Forschungen in Afrika auf. Während in Frankreich Marcel Griaule, Michel Leiris und einige andere im Zuge einer damals virulenten Begeisterung für alles ‹Schwarze› – unter anderem manifest in der surrealistischen Zeitschrift *Minotaure* – zu großangelegten Expeditionen von Dakar nach Djibouti aufbrachen, führte der Ethnologe Hans Himmelheber erste Feldstudien in Westafrika zur Frage der Kunstschaffenden durch.

Rezeptionskontexte: Kunst und Kunstgewerbe

Dass die Museumsbestände bald nicht mehr allein als ethnografische Artefakte subsumiert, sondern als ästhetische Objekte wahrgenommen wurden, hängt nicht zuletzt mit ihrer außerwissenschaftlichen Rezeption zusammen. Tatsächlich bedingen und überlagern sich Forschungs- und Rezeptionsgeschichte afrikanischer Künste besonders in der ersten Hälfte des 20. Jahrhunderts. Jean-Louis Paudrat (1984) hat rekonstruiert, wie das Interesse an afrikanischer Skulptur nicht nur über Künstlerfreundschaften in Paris und darüber hinaus, sondern auch in einem bald schon transatlantischen Kunst-Netzwerk weite Kreise zog – und immer mehr auch den Auktionsmarkt einbezog. Erste Ausstellungen afrikanischer Skulpturen fanden in Paris in den Räumen avantgardistischer Galerien statt: Im Winter 1916 zeigte Joseph Brummer in einem Atelier am Montparnasse fünfundzwanzig afrikanische Skulpturen zusammen mit Arbeiten damals aktiver Künstler. 1919 vereinte eine von Paul Guillaume in der Galerie Devambez organisierte Schau afrikanische und ozeanische Werke. Er und, vor allem ab den 1930er Jahren, Charles Ratton avancierten zu wichtigen Mediatoren eines Netzwerkes zwischen Paris, New York und Zürich. Künstler wie Pablo Picasso, Maurice Vlaminck und Georges Braque, um nur einige Namen zu nennen, haben darin auf ihrer Suche nach einem nicht-naturalistischen Abbildhaften afrikanische Skulpturen aufgrund ihrer formal-ästhetischen Qualitäten ‹entdeckt›. Die Kunstkritik suchte die Ähnlichkeiten zwischen den abstrakten afrikanischen Formen – naturalistische Konventionen wurden ignoriert bzw. waren noch weniger bekannt – und den sich gerade entwickelnden Kunstrichtungen der Avantgarde zu unterstreichen. Objekte aus Afrika, und zu einem geringeren Anteil aus Ozeanien, wurden so zu Ahnen und Wahlverwandten einer sich neu formierenden kubistischen und abstrakten Kunstbewegung in Europa. Publikationen wie die von Carl Einstein (1915) verbreiteten Bilder afrikanischer Masken und Skulpturen, denen man zur Betonung ihrer formalen Eigenschaften Attribute wie Nägel oder Federn entfernt hatte. Zu den Besonderheiten seines schmalen Bändchens zählten mehr als hundert den Kunstcharakter betonende Fotografien, die darauf zielten, die afrikanischen Plastiken ohne «Umgebungsassoziationen» und die «Bildungen als Gebilde» zu begreifen. Aus den ehemaligen ethnologischen Zeugnissen wurden Kunstobjekte: «vorher nur ein Haufen Dinge, jetzt ein charakteristisches Objekt» (Yaëlle Biro 2018). Die Erfahrung und eigene Anschauung kubistischer Gemälde mit ihren tektonischen Lösungen zeichneten sich in Einsteins Text unmittelbar ab. Das ihnen eigene plastische Sehen fand er exemplarisch in den Künsten Afrikas verkörpert. So liest sich sein Text trotz manch richtiger Beobachtung, etwa zur vielen Plastiken inhärenten Tendenz zur Autonomie und Verselbstständigung einzelner Volumina, vor allem als eine Projektionsfigur für die drängenden Formprobleme der eigenen Kultur. Erst in seiner späteren Studie *Afrikanische Plastik* (1921) revidiert er seine teils spekulativen Annahmen, und dennoch waren seine Publikationen prägend für die weitere Rezeption afrikanischer Kunst. Fernand Léger beispielsweise nahm daraus Anleihen für Bühnenbild und Kostüm für das Stück *La Création du Monde* (1923). Er komponierte ineinander verschachtelte Formen in Rost, Braun, Ocker und Schwarz, die an Körperbemalungen und die Gestaltung afrikanischer Skulptur angelehnt waren – und die, wie das gesamte Theaterstück, eine Erneuerung der Künste und der Nachkriegsgesellschaft auf Basis einer vermeintlichen Rückkehr zu den Ursprüngen anstrebte. In jüngster Zeit fand das posthum veröffentlichte Werk zur afrikanischen Plastik des lettischen Malers und Kunsttheoretikers Vladimir Markov Beachtung. Auch seine Beobachtungen basierten auf den Sammlungen ethnologischer Museen und auch er inspirierte Künstler der russischen Avantgarde. Anders als in Einsteins Werk stammten die Fotografien afrikanischer Skulpturen von Markov selbst. Mit ihrer Betonung indivi-

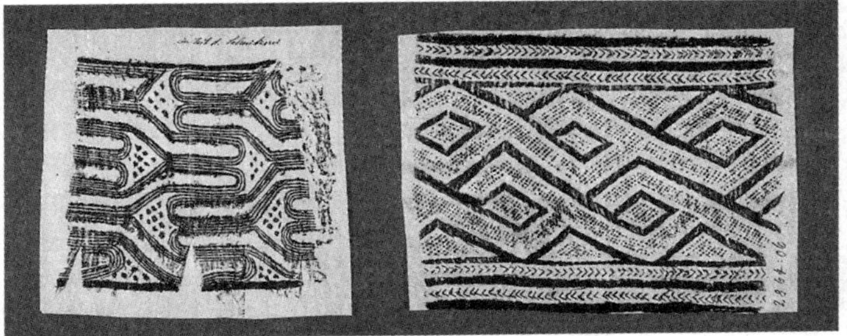

6 Abreibungen von Bechern der Kuba aus dem Archiv des Museums am Rothenbaum, Kulturen und Künste der Welt, Hamburg

dueller Details sowie einer besonderen Kombination von Nahaufnahmen und verschiedenen Perspektiven versuchte Markov, so Zoe Strother (2017), die «Subjektivität ihrer Schöpfer» zu bezeugen und das Innenleben der Figuren zu ermitteln.

Die im Umfeld der Pariser Avantgarde stattfindende Rezeption, im Übrigen nicht allein materieller Kultur aus Afrika, sondern auch Schwarzer Tänze und Musik, führte jedoch nicht zum Einzug afrikanischer Plastik in die Kunstmuseen wie etwa den Louvre. Bis ins 21. Jahrhundert waren Masken und Skulpturen aus Afrika in Europa mehrheitlich in ethnologischen Sammlungen präsent. Einen interessanten und rezeptionsgeschichtlich weniger bekannten Sonderweg nahmen kunstgewerbliche Museen. Hier erfuhren afrikanische Artefakte – vor allem Flechtarbeiten, Korbwaren und Textilien, aber auch Alltags- und Prestigegegenstände wie Becher, Schalen und Behältnisse – eine besondere Wertschätzung. Anders als in der Ethnologie, betrachtete man sie innerhalb der angewandten Künste zu Beginn des 20. Jahrhunderts aus einer gestalterischen Perspektive. Dies hatte zur Folge, dass die fremden Dinge nicht als materielle Zeugnisse *vergangener* Kulturen betrachtet wurden, sondern als *zeitgenössische* Objekte, die durch ihren maßvollen Einsatz von Ornamentik und Oberflächengestaltung den industriellen Erzeugnissen überlegen waren. Dass Kulturgut aus Afrika als Anschauungsmaterial für neue Formgenesen diente, belegen beispielsweise Abreibungen von Bechern der Kuba, die sich im Hamburger Museum für Völkerkunde befanden (Abb. 6). Als Mitbegründer des Deutschen Werkbundes (1907) präsentierte der Hagener Industrielle Karl Ernst Osthaus in dem von ihm eingerichteten (späteren) Folkwang Museum die Arbeiten afrikanischer wie europäischer Künstlerinnen und Künstler gleichwertig nebeneinander. Die von Osthaus initiierte Diapositivzentrale hielt ebenso wie die Kunstpublizistik der Zeit Muster- und Stoffsammlungen für die Erneuerung des Kunstgewerbes bereit. Manche Ausstellungen glichen in ihrer Sortierung nach Technologien und Materialien begehbaren Mustersammlungen, die die haptischen und formalen Eigenschaften der Objekte unmittelbar erfahrbar machen wollten. Die Überschneidung von Design und Ethnologie ist auch im Kontext des Bauhauses und dem Interesse seiner Mitglieder an regionalen und ‹traditionellen› Artefakten, oftmals Textilien manifest. Andere Institutionen wie das Brooklyn Museum in New York schalteten sich direkt in die Produktion ein. Seine Ausstellung *Primitive Negro Art, Chiefly from the Belgian Congo* (1923) zeigte neben Werken aus dem Kongo vom Museum selbst beauftragte Entwürfe von Möbeln und Textilien, die nach dem Vorbild der afrikanischen Objekte für den Vertrieb und Gebrauch in den USA gefertigt worden waren. Auch hier versuchte man mit den fremden Dingen das eigene, in die Krise geratene Design anzukurbeln.

Transatlantische Netzwerke, Feldstudien und lokales Wissen

Afrikanische Bildwerke gelangten über die Vermittlung französischer Kunsthändler und Galeristen in die USA, wo sie nicht allein von einem weißen Kunstpublikum, sondern auch entlang der emanzipatorischen Anliegen schwarzer Intellektueller und Vorkämpfer um Gleichberechtigung rezipiert wurden. Kaum verwunderlich, fanden erste Ausstellungen wie die von dem aus Mexiko stammenden Künstler Marius de Zayas organisierte Schau *African Art New York, and the Avant-Garde* (1913) in Galerien statt. Ein Jahr später, 1914, folgte *Statuary in Wood by*

African Savages: the Root of Modern Art in der von Alfred Stieglitz geführten avantgardistischen Kunstgalerie 291 in New York. Charakteristisch war die Präsentation zeitgenössischer Kunst und Skulpturen aus Afrika in einem modernistischen Display, wie es die Fotografie einer Kota-Reliquiarfigur (Abb. 12) nahelegt. Die Plastik selbst stammte wie die meisten Objekte aus den Beständen von Paul Guillaume. Die langgestreckten Züge, die glänzenden Oberflächen und die stromlinienförmigen Formen der Skulpturen verkörperten die Ästhetik, die man in Europa so bewunderte. An die sechshundert Werke aus dem subsaharischen Afrika und aus insgesamt über siebzig europäischen Sammlungen vereinte 1935 eine unter der Ägide des Kunsthistorikers James Johnson Sweeney zusammengetragene Schau im Museum für zeitgenössische Kunst: *African Negro Art* zielte in Anordnung und Beleuchtung der Objekte auf die formalen Eigenschaften der meist abstrakten Kompositionen. Abweichend von früheren Galerieausstellungen afrikanischer Kunst stellte Sweeney keinen direkten Bezug zur modernen Kunst her, betonte aber die berühmte Provenienz einiger Werke, was in diesem Fall nicht nach Afrika, sondern in die Ateliers Pariser Künstler wies. Die fotografische Dokumentation der Objekte durch den damals bereits berühmten Fotografen Walker Evans unterstrich deren Kunstfertigkeit; sie wechseln zwischen Frontal-, Seiten- und Rückseitenprofilen und betonen Tiefe und Volumen sowie die Details der Arbeiten. Weiterhin verband sich mit der Fotodokumentation ein Bildungsauftrag des Museums, waren die Aufnahmen doch zur Versendung an afroamerikanische Colleges und Bibliotheken bestimmt – die, ihrerseits, wie etwa die Fisk University, bereits seit den 1870er Jahren Sammlungen materieller Kultur aus Afrika aufgebaut hatten. Dahinter standen Missionsnetzwerke, die im Kongo, aber auch in Sierra Leone aktiv waren

Während in den europäischen Kunstgewerbemuseen ‹fremde Dinge› als Formvorlagen dienten, lässt sich anhand Schwarzer Sammlungen in Nordamerika nachvollziehen, wie Motive und Symboliken zu einer emanzipatorischen Ästhetik der Befreiung im Kontext antirassistischer Bewegungen wurden. Als Beispiel

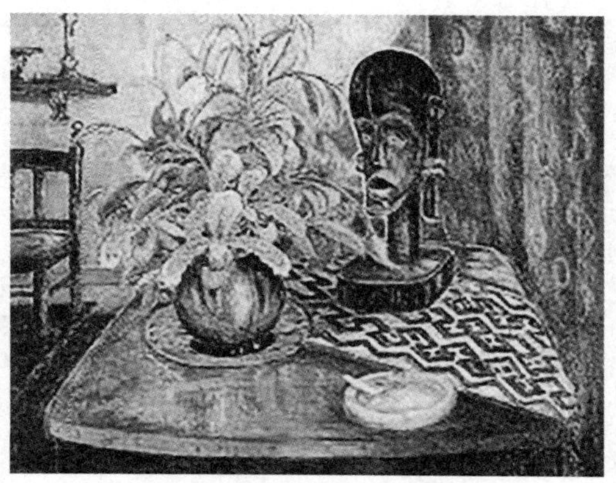

7 Palmer Hayden, *Fétiche et Fleurs*, 1926, im Bild eine Fang-Statue und ein Raffia-Textil, Öl auf Leinwand, 24 x 34 cm, Museum of African American Art, Los Angeles

sei hier das Universitätsmuseum von Hampton genannt, dessen Sammlung afrikanischer, vor allem kongolesischer Objekte aufs engste mit William Henry Sheppard verbunden ist. Als Missionar war er ab den 1890er Jahren für bald zwei Jahrzehnte im damaligen Kongo-Freistaat von Leopold II. aktiv. Für das Hampton Institut trug er Objekte aus der Kuba-Konföderation zusammen, in deren Hauptstadt Mushenge er als erster westlicher Besucher empfangen wurde. In seiner «doppelten Funktion als Kunstsammler und politischer Aktivist» (Ira Dworkin 2017) setzte er die von ihm erworbenen Masken und Prestigeobjekte auch als Mittel der Kritik gegen die Kolonialverbrechen des königlich-belgischen Kolonialregimes ein. Neben Leo Frobenius und Emil Torday, die für das Berliner ethnologische Museum bzw. das British Museum ‹sammelten›, hatte Sheppard die wichtigste Kuba-Kollektion in den USA zusammengetragen, allerdings im bewussten Verzicht auf den Erwerb der lokal so bedeutsamen *ndop*-Königsfiguren – was eine andere Ethik des Sammelns nahelegt. Ab den 1920/30er Jahren war afrikanische Kunst zunächst für die Harlem Renaissance und später im Black Arts Movement von Bedeutung für die Genese der afroamerikanischen Moderne; einzelne Stücke wurden zur Formvorlage und Inspirationsquelle, etwa für Palmer Hayden (Abb. 7) oder sehr viel später John Biggers.

Seit Ende des 19. Jahrhunderts und bis etwa in die 1930er Jahre waren die Künste Afrikas ausschließlich anhand der nur unzureichend dokumentierten Sammlungen in europäischen und nordamerikanischen Museen untersucht worden. Um etwas über die Bedeutung eines Werkes oder dessen Schöpferinnen und Schöpfer zu erfahren, war man auf sekundäre Quellen wie etwa Reise-Aufzeichnungen oder Missionsberichte angewiesen, wobei es sich um unsichere Daten eines kolonialistisch geprägten Archivs handelte. Dazu kam, dass die afrikanistische Kunstgeschichte im Unterschied zu anderen regionalen Kunstgeschichten selten auf einheimische schriftliche Quellen zur Kunst und Ästhetik zurückgreifen konnte. Spätestens ab den 1960er Jahren übernahm die auf Afrika bezogene Kunstwissenschaft das in der Ethnologie erprobte Paradigma stationärer Forschungsaufenthalte. Dieser Richtungswechsel manifestierte sich zunächst in den USA, wo knapp drei Jahrzehnte vorher eine Debatte über die Bedeutung des afrikanischen Kulturerbes für eine neue schwarze Kunst eingesetzt hatte. Besonders die Frage, ob sich Elemente künstlerischer Äußerungen erhalten hatten oder durch die millionenfache Verschleppung im transatlantischen Sklavenhandel komplett vernichtet waren, wurde diskutiert und später von kunstwissenschaftlichen Studien untermauert. Tobias Wendl (2012) hat in einem instruktiven Überblick zur Synthese ethnologischer und kunsthistorischer Ansätze in der afrikanistischen Kunstgeschichte herausgearbeitet, wie die unmittelbare Erfahrung und Anschauung ästhetischer und sozialer Praktiken vor Ort neue Themen generierten. Anstelle der älteren stilgeschichtlichen Fragen gerieten ikonografische und um Symboldeutungen bemühte Studien, die mündliche Überlieferungen und lokale Vorstellungen für wesentlich erachteten, in den Fokus. Die Sinnhaftigkeit der Artefakte und die künstlerischen Praktiken wurden in ihren örtlich situierten funktionalen, kosmologischen und ästhetischen Kontexten und in Zusammenarbeit mit lokalen Experten und Expertinnen erforscht. Fragen nach lokalen Parametern der Kunstkritik, nach dem kreativen Prozess und der Rolle der Kunstschaffenden und von Werkstätten wurden aufgegriffen. Das Performative und das Zusammenspiel der Künste, aber auch die Betonung des Prozesshaften, die Hinwendung zur besonderen Materialität des Ephemeren und Temporären führte zum Einschluss von künstlerischen Phänomenen, die nach einem dominanten westlichen Kunstverständnis aus der Betrachtung tendenziell ausgeschlossen waren. Einige Jahre später schlossen neue Forschungsmethoden auch das eigene ‹Machen› ein, was bedeutete, dass Kunsthistoriker und Kunsthistorikerinnen selbst zu den Bildhauer-Werkzeugen griffen, um mit allen Sinnen ein auch körperliches Verständnis für die künstlerischen Prozesse zu erlangen. Außerdem geriet die Frage nach genuin regionalspezifischen ästhetischen Prinzipien in den Blick. Unter Rückgriff auf frühere Arbeiten von Melville J. Herskovits und Zora Neale Hurston suchte etwa Robert Farris Thompson (1974) nachzuweisen und zu verstehen, wie ‹afrikanische› Praktiken in den Amerikas adaptiert wurden. Neben Thompson verankerten Roy Sieber und Douglas Fraser das Wissensfeld afrikanistischer Kunstgeschichte erstmalig an US-amerikanischen Universitäten. Generationen afrikanischer und aus der afrikanischen Diaspora kommender Forscherinnen und Forscher – darunter Ekpo Eyo, Ikem Stanley Okoye, Sylvester Ogbechie, Sylvia Ardyn Boone, Chika Okeke-Agulu, Rowland Abiodun, Joseph Adandé – haben nachhaltig neue Themen und Perspektiven eingebracht.

In diesem wissenschaftlichen Kontext ersetzte die Bezeichnung ‹traditionelle Kunst› das evolutionistische Denken, das dem Konzept des ‹Primitiven› zugrunde lag – allerdings ohne dessen angenommene Zeit- und Geschichtslosigkeit aufzuheben. In ihrer ahistorischen Perspektivierung subsumierte die Kategorie traditioneller Künste archäologische Artefakte und präkoloniale Bild- und Objektpraktiken fast immer als Gegenstück zu modernen und zeitgenössischen künstlerischen Positionen. Dazu passt es, wie Johannes Fabian (1983) analysierte, dass die Kunst der ‹Anderen› stets im Präsens (und im Singular, könnte man hinzufügen) beschrieben wurde. Um dieser Haltung entgegenzutreten, tauchte im US-amerikanischen Diskurs vor einigen Jahren der Terminus «traditionsbasierte Künste» auf. Er versucht das Fortleben vorgängiger Praktiken zu markieren, die zwar auf älteren Traditionen beruhen, aber in der Gegenwart weiterhin praktiziert und relevant sind. In machen Kontexten in Afrika spricht man dann von traditioneller zeitgenössischer Kunst. Als Autorin markiere ich das Fortleben älterer Kunstformen in der Gegenwart oder analog ihre Abgeschlossenheit über entsprechende Zeitformen bzw. einen Zeitenwechsel. Einer geschlechtergerechten Sprache und ‹afrikanischen› Konventionen folgend, mache ich zum Beispiel die Bildhauerei als eine männliche Domäne, die Keramikkunst als weibliches künstlerisches Feld sichtbar (und übergehe in dieser Generalisierung bekannte Abweichungen). Aus Gründen der Lesbarkeit sowie der Notwendigkeit, Objekte und Werke in ihren geografischen Vorkommen zu lokalisieren und zu situieren, kann auf die Nennung ethnischer Gruppen nicht verzichtet werden – selbst wenn jene Bezeichnungen oftmals kolonialen Taxonomien und damit Zuschreibungen von außen entstammen. Gleichwohl gilt es sich zu vergegenwärtigen, dass sie in der Postkolonie häufig zu Selbstbezeichnungen wurden und damit eine gewisse Realität erlangten.

Eine zeitgemäße und selbstreflexive Kunstgeschichte Afrikas muss darauf abzielen, die historischen und konzeptuellen Kontexte künstlerischer Produktion zum Ausgangspunkt zu nehmen und diese mit einem angemessenen kunstwissenschaftlichen Vokabular zu beschreiben. Daher sind die koloniale Gebundenheit vieler ihrer ursprünglichen Annahmen – und der ihrer Nachbarwissenschaften wie der Ethnologie –, (Sammlungs-)Praktiken und Terminologien kritisch zu hinterfragen und zu ersetzen. Es wäre aber verkürzt, die Artefakte allein unter diesem Blickwinkel der Evidenz für koloniales Unrecht wahrzunehmen, denn sie haben eine komplexere Geschichte mit spezifischen Biografien. Sie müssen daher als gestaltete Werke, als Kunst, als Erinnerungsspeicher und Gedächtnis, als Beispiel lokal situierter Ästhetik und kultureller Praktiken vorgestellt und in all ihrer intrinsischen Komplexität und von ihren Migrationen aus gedacht und von ihrem gesamten Bedeutungspotenzial erschlossen werden.

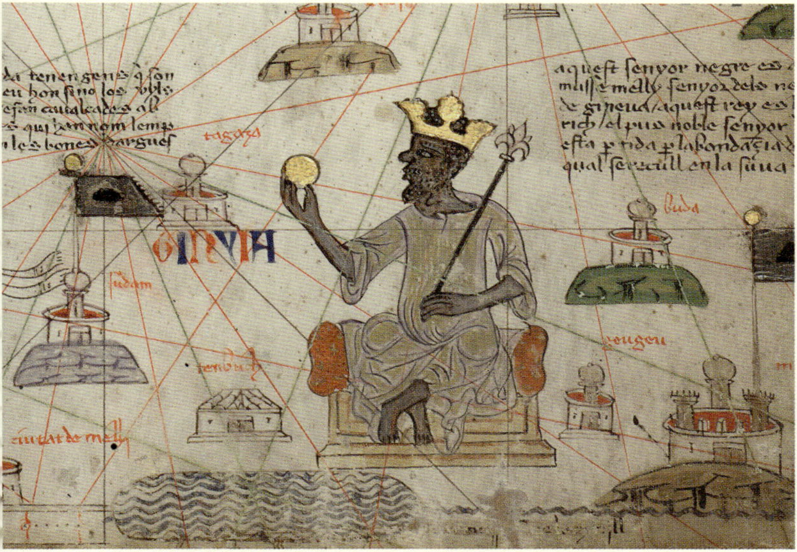

8 Werkstatt Abraham Cresques, *Katalanischer Atlas*, um 1375,
Tafel mit dem Porträt von Mansa Musa, BNF

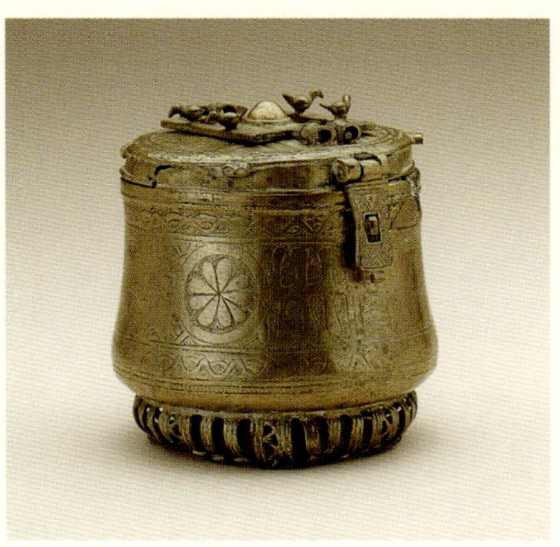

9 *Nkuduo*-Gefäß eines Akan-Künstlers,
spätes 19./frühes 20. Jahrhundert, Kupferlegierung, 15,8 x 14,4 x 14,8 cm,
Smithsonian National Museum of African Art, Washington DC

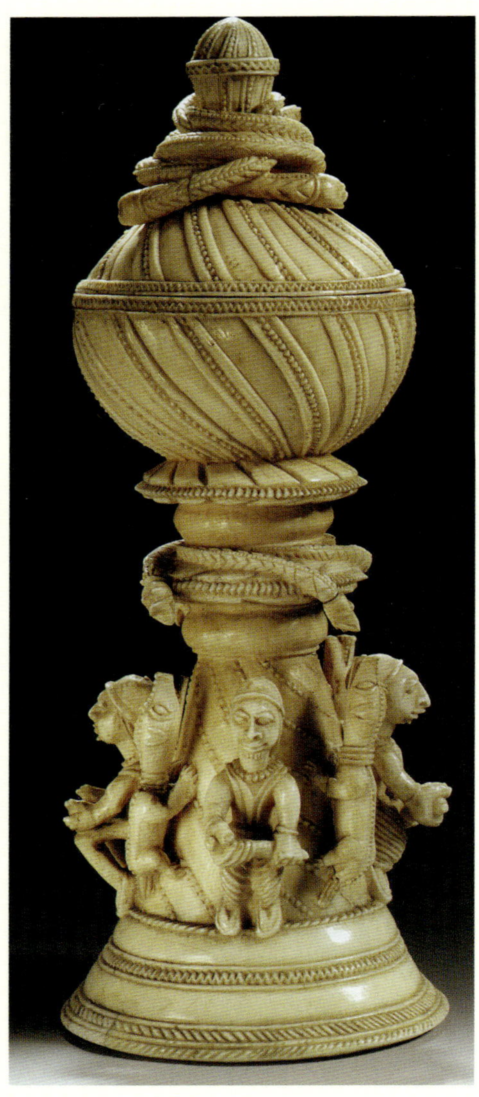

10 Salzgefäß, Sierra Leone, sapi-portugiesisch, 15. /16. Jahrhundert, Elfenbein, 27,4 cm, ehemals Königliche Kunstkammer von Brandenburg, heute Ethnologisches Museum, Berlin

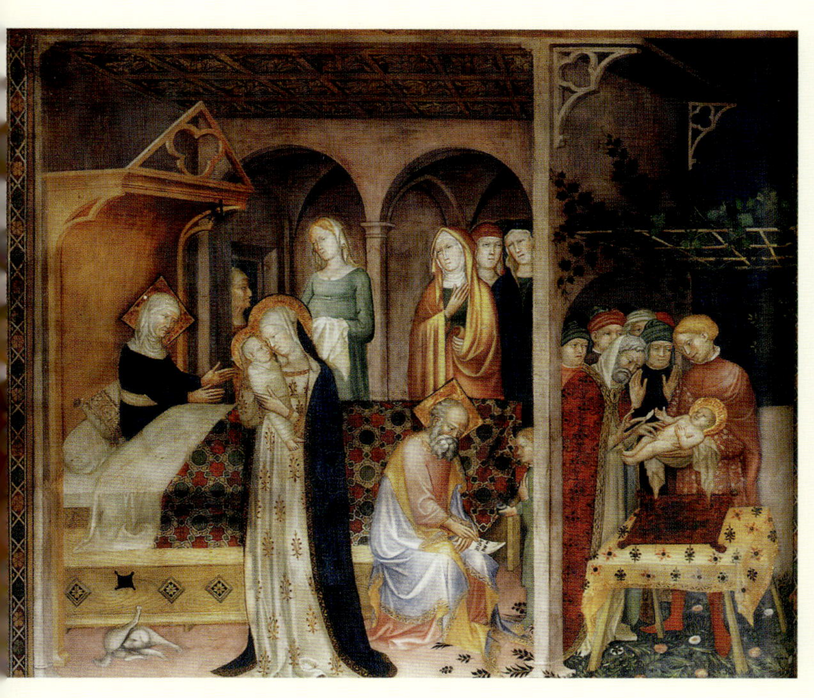

11 Lorenzo und Giacomo Salimbeni,
Szenen aus dem Leben Johannes des Täufers (Detail),
ca. 1416, Fresken, Oratorium von San Giovanni Battista, Urbino

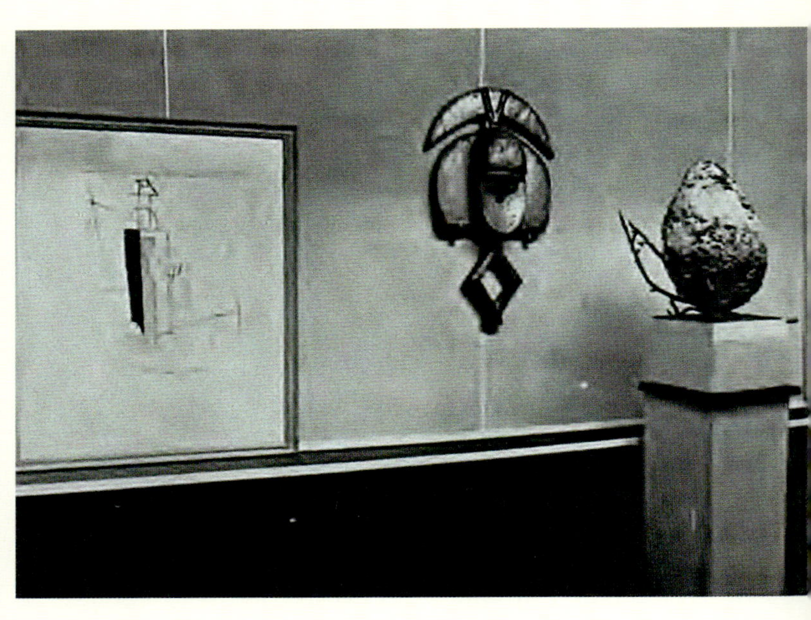

12 Blick in Edward Steichens Ausstellung in der Galerie 291, New York, 1914–1915, im Vordergrund eine Kota-Reliquiarfigur

Künstlerische Gestaltung und ästhetische Konventionen

Jede Kunstgeschichte beschäftigt sich mit Fragen der Gestaltung. Allerdings birgt eine summarische Darstellung, wie sie hier vorgenommen werden muss, die Gefahr, komplexe und historisch sowie regional diverse ästhetische Prinzipien zu reduzieren und zu essentialisieren. Dass sich dieses Kapitel dennoch einigen wichtigen ästhetischen Strategien afrikanischer Künste widmet, hat mit der wechselseitigen Bedingtheit von formaler und materieller Gestaltung und Werkbedeutung zu tun, anhand derer sich Konventionen erkennen und herausstellen lassen. Selbst wenn eine Kunst um ihrer selbst willen in den afrikanischen Gesellschaften nicht existierte, bedeutet dies keinesfalls die Inexistenz ästhetischer Kriterien. Vielmehr manifestier(t)en sich diese als ein komplexes System, in dem sich gestalterische und moralische Aspekte überschneiden. Ein Beispiel dafür ist die Yoruba-Maxime *iwalewa*, die wörtlich übersetzt «Charakter ist Schönheit» bedeutet. Künstlerische Werke, die als ‹schön› galten, waren zugleich auch ethisch ‹gut› in dem Sinne, dass sie moralische Werte der Gemeinschaft verkörperten. Auch auf Edo, das im Königtum Benin gesprochen wird, beurteilt der Begriff *mosee* nicht nur fertige Werke als schön oder ausgewogen, sondern auch als moralisch richtig. Die Wirkmächtigkeit eines Artefaktes, seine Fähigkeit mit der spirituellen Sphäre in Verbindung zu stehen, kann ebenfalls zum ästhetischen Maßstab werden – denn Objekte spiel(t)en eine zentrale Rolle in der Kommunikation mit Geistern, Gottheiten, Ahnen und anderen unpersönlichen Kräften.

Mit der Frage nach einer nicht-westlichen Ästhetik und ihren Kunstbegriffen verbindet sich das Thema der (individuellen) Künstlerschaft. Nicht immer und überall existierte ein allgemeiner Begriff als Bezeichnung für professionelle Kreative, die über ein spezielles technisches und gestalterisches Wissen verfügten.

Stattdessen wurden die konkreten künstlerischen Felder wie die Weberei, die Bronzegießerei oder die Keramikkunst begrifflich direkt angezeigt. Die Berücksichtigung des Gender-Aspekts verweist bereits auf die spezialisierte und zwischen den Geschlechtern arbeitsteilige Organisationsweise: In den meisten Fällen war das Weben eine männliche, die Töpferei eine weibliche Tätigkeit. Genauso vielfältig wie Handwerkerinnen und Handwerker ausschließlich oder nur nebenbei künstlerisch tätig waren, gestalteten sich auch die Ausbildungswege. Während etwa bei den Yoruba ein strukturiertes und von Meister-Bildhauern geprägtes Lehrverhältnis vorherrschte, erfolgte die handwerkliche Ausbildung anderswo eher informell. Künstler genossen einen sehr unterschiedlichen Status: Sie waren geschätzt wegen ihres technischen Vermögens, galten als große Innovatoren, da sie im Gegensatz zu den anderen Mitgliedern ihrer Gemeinschaft mobiler waren und über weitreichende Klienten-Netzwerke verfügten. Sie zählten zu den agilsten sozialen Gruppen und Erneuerung und Kreativität gehörten entgegen manchen europäischen Vorannahmen zu ihrem Selbstverständnis. Im Yoruba wurden Künstler als *are* charakterisiert: reisende Individuen, Wanderer, Fremde; das privilegierte Idiom des künstlerischen Ausdrucks, ja die Existenzweise der Künstler, sollte ein ständiger Aufbruch sein. Künstler, so zitiert Olabiyi Babalola Yai (1998) ein *oriki*-Gedicht, seien am besten, wenn sie buchstäblich nicht zu Hause seien. Bei den Bamana genossen Bildhauer, Schmiede, aber auch Färberinnen wegen ihres Umgangs mit agentiellen und transgressiven Werkstoffen einen ambivalenten Status, der ihnen streng kodifizierte Verhaltensweisen auferlegte und sie vom Rest der Bamana-Kultur unterschied. Neben den Künstlerinnen und Künstlern waren an der ästhetischen Genese eines Objektes weitere Personen beteiligt: Auftraggeber, rituelle Spezialisten, die das Werk aktivierten, und schließlich die Nutzer und Nutzerinnen. Als Kunstpatrone fungierten politische Führer oder Gruppen, einzelne Familien oder Individuen. Mehrfach ist belegt, dass Künstlerinnen und Künstler nicht nur für die eigene Gesellschaft, sondern auch für benachbarte Gruppen oder Reiche arbeiteten und auch äußerst flexibel auf die neuartigen Anfragen eines sich seit der Wende zum 20. Jahrhundert etablierenden Marktes für Kunst aus Afrika reagierten.

Werkstätten und individuelle Autorschaft

Als einer der ersten Wissenschaftler interessierte sich Hans Himmelheber für die Schöpfer der Kunstwerke. Der in Hamburg geborene und in den 1930er Jahren zeitweilig in die USA emigrierte Kunsthistoriker kam in Paris mit Plastiken aus Afrika in Berührung. Zurück in Deutschland, betätigte er sich nicht nur im Kunsthandel, sondern war auch der erste Kunstwissenschaftler, dessen Arbeiten auf empirischen Forschungen in der heutigen Elfenbeinküste und auf ausführlichen Gesprächen mit mehreren Künstlern basierten. Zeichnerisch und fotografisch dokumentierte er die einzelnen Etappen des bildhauerischen Werkprozesses. Seiner Zeit voraus war er auch deshalb, da er Vorstellungen von Naturalismus und Mimesis als Konstrukte der westlichen Kunstgeschichte erkannte und stattdessen nach in afrikanischen Gesellschaften geltenden Ähnlichkeitskonzepten suchte. Beispielsweise wies er für die Bildhauerei der Dan nach, dass beim Schnitzen nach einem lebenden Vorbild physische Ähnlichkeit nur sehr bedingt angestrebt war. Wollte man diese erreichen, hätte man fotografische Verfahren bevorzugt; stattdessen wurde der individuelle Status durch markante emblematische Details vermittelt. Abgesehen von seiner kolonialistisch-paternalistischen Sprache bestand Himmelhebers Verdienst darin, gezeigt zu haben, dass das ästhetische Feld keinesfalls so begrenzt war, wie es lange Zeit von außen postuliert wurde. Er registrierte etwas, was er als ‹Eigenstil› eines Bildhauers umschrieb und was heute mit dem Begriff der Künstlerhandschrift bezeichnet würde. Auch notierte er die Namen aller von ihm befragten Künstler und wies nach, dass diese oft weit über ihr eigentliches Umfeld hinaus bekannt waren. Damit widerlegte er die vorherrschende Annahme, Künstler und Künstlerinnen würden ausschließlich anonym arbeiteten und durch starre Traditionen eingeschränkt werden. Einige wenige Zeitge-

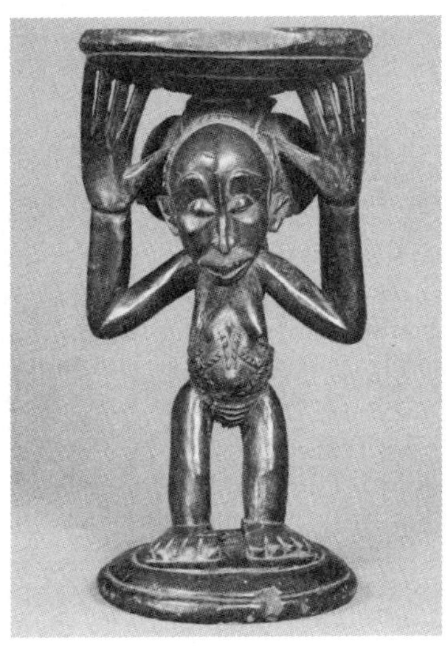

13 Hocker mit weiblicher Karyatidenfigur von Ngongo ya Chintu (ehemals «Meister von Buli»), 19. Jahrhundert, DRK, Holz, Metallbolzen 61 cm, Metropolitan Museum of Art, New York

nossen, darunter der belgische Ethnologe Frans Olbrechts, versuchten ebenfalls individuelle Bildhauer und ihre Handschriften zu identifizieren. Wo dies nicht namentlich gelang, behalf sich die Kunstgeschichte mit der notdürftigen Einführung von Meistertiteln auf Basis von Stilmerkmalen, die, wo immer möglich, mit mündlichen Überlieferungen abgeglichen wurden. Angelehnt an die damals üblichen kunsthistorischen Methoden, führte Olbrechts die Bezeichnung ‹Meister von Buli› für eine Gruppe von Werken ein, als deren Charakteristika er unter anderem gelängte Gesichter und Hände erkannte. Auf diese Weise avancierten etwa die von Karyatiden gestützten Amtssitze (Abb. 13) und eine Reihe weiterer Arbeiten des mittlerweile wahrscheinlich als Ngongo ya Chintu identifizierten ‹Meister von Buli› nicht nur zu den bekanntesten, sondern auch teuersten Ikonen der Luba-Kunst (heutige Demokratische Republik Kongo, DRK). So wichtig jene Studien waren und sind, so mitunter ambivalent sind die mit einer Ent-Anonymisierung einhergehenden Verschiebungen, spielen sie doch der Wertschöpfungskette des Kunstmarkts direkt in die Hände.

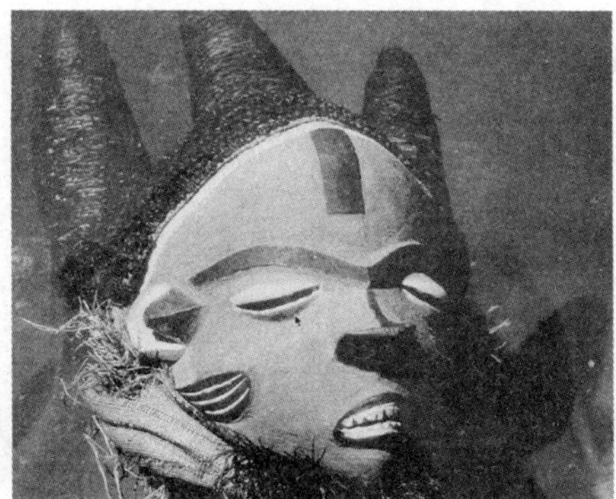

14 Eine Gesichtsmaske von Gabama a Gingungu, DRK, erworben vor 1930, Holz, Raffia, 22,9 cm, Africa Museum Tervuren

Obwohl die allerwenigsten Künstlerinnen und Künstler ihre Werke signierten, bedeutete dies im Umkehrschluss nicht, dass sie in ihren Gesellschaften unbekannt blieben. Vielmehr scheinen es forschungstechnische Gründe zu sein, die die Leerstelle erklären: Erst spät reifte die Einsicht in die Problematik sogenannter Kollektivsubjekte, die aus individuellen Akteuren und Akteurinnen anonyme Angehörige homogener Gruppen machten. Wo aber, wie im Falle der Künste der Pende im zentralen Kongo, gezielt nach Namen und Biografien gefragt wurde, war es möglich, Bildhauer wie beispielsweise Gabama a Gingungu (ca. 1890–1965) zu identifizieren. Ihm werden nicht nur die Einführung zahlreicher neuer Maskengenres und – da er ein über seinen Tod hinaus aktives Atelier begründete – die Professionalisierung der Bildhauerei zugeschrieben (Abb. 14). Offenkundig war er Teil eines frühen internationalen Kunstmarktes und ab den 1920er Jahren weit über sein unmittelbares Umfeld bekannt. Als durch und durch moderner Künstler hatte er mit den sozialen Konventionen und Regeln, die für Bildhauer und Schmiede galten, zwar gebrochen. Dennoch war er weithin geschätzt als ein Künstler, der es meisterhaft verstand, die Werte der Gemeinschaft – etwa die Autorität des Oberhauptes über die eigentlich den Frauen zugeschriebene soziale Sensibilität – in seinen Maskengesichtern auszudrücken. Zoe Strother (1999) bezeichnet ihn als bekanntesten Pende-Künstler des 20. Jahr-

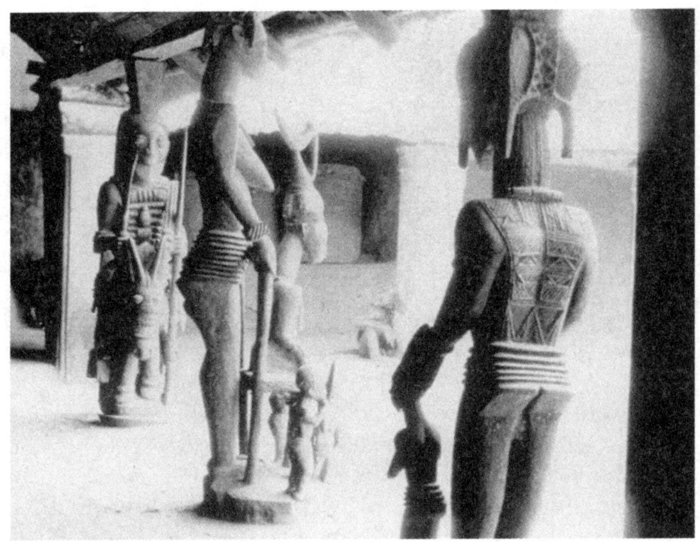

15 Verandapfosten von Olowe von Ise, geschnitzt zwischen 1910 und 1914, Ikere-Palast in der Region Ekioti, Nigeria, Foto: William Fagg, 1959

hunderts, dessen Masken sich lange Zeit unter dem Label des anonymen Künstlers im Tervuren-Museum erhalten haben. Im Kongo selbst hatten sich wegen politischer Konflikte in den 1930er Jahren keine Werke erhalten, wohl aber die Erinnerung an Gabama a Gingungu und die eindeutige Zuschreibung.

Vor allem für die skulpturalen Werke der Yoruba, einer mehrere Millionen Menschen umfassenden Bevölkerungsgruppe im Südwesten Nigerias und im angrenzenden Benin, gelang es, innerhalb eines gestalterischen Grundkanons regionale Stile und persönliche Handschriften individueller Künstler zu unterscheiden: Olowe von Ise (1875–1938) werden heute zahlreiche Architektur-Skulpturen – darunter beschnitzte Verandapfosten und Türen von Schreinen oder Palästen – zugeschrieben. Weithin namentlich bekannt, war er in vielen Ortschaften in der Ekiti-Region tätig. Für den Ikere-Palast stellte er das gesamte skulpturale Programm her. Das Besondere daran waren die in den Raum hinausragenden Figuren, die anders als üblich nicht in frontaler Darstellung, sondern im Profil zu sehen waren und in ihrer Anordnung einen ganz eigenen Rhythmus erzeugten. Zeitgenossen wie Areogun von Osi-Ilorin stellten zwar ganz ähnliche Gegenstände her, verblieben aber in einer reliefartigen und statischen Darstellung, die nicht die Illusion von Bewegung zu vermitteln vermochte (Abb. 15). Auf einer ikonografischen Ebene handelte es sich oft um allegorische Szenen – etwa, wenn die Frauen buchstäblich als Stütze der Gesellschaft in den Pfosten aufschienen. Das in nördlicheren Regionen bekannte Motiv des reitenden Eindringlings hatte Olowe von Ise übernommen und in ein Emblem lokaler Machtausübung verwandelt. Zahlreiche *oriki* würdigten sein künstlerisches Talent, die sorgfältig bearbeiteten und polychrom ausgemalten Figuren sowie die haptische Erscheinung mancher geschnitzten Details. Damit unterstrichen die Gedichte den außerordentlichen Stellenwert individuellen Könnens, wodurch die Vorstellung von einem anonymen Künstler schlichtweg unterlaufen wird (Rowland Abiodun 1994).

Yoruba-Kunst und Kunstgeschichte

Die Kunstgeschichte Nigerias und besonders die der Yoruba nimmt eine Sonderstellung im subsaharischen Afrika ein: Nirgendwo sonst lässt sich die Entwicklung der Skulptur – von Nok über Ile Ife, die Königtümer von Owo und Benin hin zu den rezenten Yoruba-Kulturen – so detailliert nachzeichnen. Deshalb sollen sie hier und im Blick auf ihre ästhetischen Konventionen detaillierter betrachtet werden. Das Kunstschaffen in dieser Region war aufs Engste mit den präkolonialen urbanen Zentren wie Ife und Oyo verknüpft. In diesen Stadtstaaten lebte zwar ein Großteil der bäuerlichen Bevölkerung auf den Farmen und nur temporär in den urbanen Zentren, doch Händlerinnen und spezialisierte Handwerker waren permanent dort ansässig. Die Bandbreite der künstlerischen Erzeugnisse war hochgradig ausdifferenziert und umfasste Masken, Skulpturen, Textilien,

Perlenarbeiten und vieles mehr. Zwischen dem 12. und 15. Jahrhundert war Ife das mächtigste Königreich in der Region. Seine Straßen und Gehöfte waren mit aufwendigen fischgratartigen Tonscherben gepflastert, der Stadtkern von einer fast fünfzehn Kilometer langen Mauer eingefasst. Stein-Monolithe, eine Idena gewidmete Statue sowie die naturalistischen aus Ton und Messing geformten Köpfe zählen zu den berühmtesten Werken aus Ife. Bis in die Gegenwart gilt Oduduwa als erster Herrscher dieser ‹gekrönten Stadt› und als mythische Gründungsfigur, auf die sich alle späteren Yoruba-Stadtstaaten sowie die Königsdynastie von Benin beziehen.

Obgleich kulturelle und sprachliche Elemente in den Yoruba-Regionen variierten, gab es ebenso viele Gemeinsamkeiten. Dazu zählte die ontologische Bedeutung der Künste, deren Ursprünge mythologisch mit dem Wirken spiritueller Entitäten assoziiert wurden. Artefakte und ihre performativen Kontexte trugen dazu bei, das Nicht-Sichtbare manifest und erfahrbar zu machen; sie verknüpften die Welt der Lebenden mit dem Reich der Ahnen. Wie in vielen Gesellschaften Afrikas, dominierte die Vorstellung eines Schöpfergottes, genannt Olodumare. Dieser wurde als zurückgezogen von der Welt existierend gedacht und höchst selten in der Kunst dargestellt. Die Gläubigen kommunizierten über die mehr als vierhundert *orisa*, Gottheiten oder Geister, mit ihm. Als Personifikationen natürlicher Phänomene oder kultureller Konzepte waren ihnen spezifische Attribute zugeordnet, die sich nicht zuletzt in den Künsten und sozial-religiösen Zeremonien manifestierten. Obatala zum Beispiel steht für künstlerische Kreativität, Shango ist der *orisa* des Donners und Gewitters und der sozialen Gerechtigkeit. In Ibadan ist ihm seit Ende des 19. Jahrhunderts einer der größten *orisa*-Schreine mit einem weithin ausdifferenzierten Skulpturenprogramm gewidmet. Oko ist dem Land und der Landwirtschaft, Olokun dem Wasser zugeordnet. Ogun wird mit dem Eisen, mit Werkzeugen und Waffen und modernen Technologien assoziiert, Osun steht für Fruchtbarkeit und Schönheit. Esu ist Bote von Olodumare und zugleich Trickster und Wächter der Kreuzungen. Seine Darstellung fehlt auf keinem Wahrsagebrett des *ifa*-Kultes (Abb. 19) und auch die stabförmigen Figurenpaare (*edan*) sind mit ihm verbunden. Shangos Erkennungszeichen ist die Doppelaxt. Ikemefuna Stanley Okoye (1997) zufolge gleichen Schreine und Altäre Assemblagen; wie auf einem Sockel präsentieren sie die wesentlichen Attribute des Geistes oder der Gottheit. Man könnte in ihnen auch ein Gedächtnis der Dinge sehen, das den jeweiligen *orisa* ein Gesicht gibt. Parallel zu den permanenten Orten ihrer Vergegenwärtigung, ergreifen die Gottheiten während ritueller Zeremonien von ihren Gläubigen Besitz – man sagt, sie seien von den *orisa* besessen – und nutzen diese als ihre Medien.

Mehr und früher als für andere Regionen Afrikas geht die kunsthistorische Forschung zu Nigeria von Wissenschaftlerinnen und Wissenschaftlern aus, zu deren eigenem kulturellen Erbe die von ihnen beforschten Artefakte und Objektpraktiken gehören. Vor dem Hintergrund entsprechender linguistischer Kompetenzen und auch Erfahrungen interessierte sie, wie und mit welchen Begrifflichkeiten in den verschiedenen afrikanischen Gesellschaften über Kunst gesprochen wurde, welche Kategorien existierten, wer urteilte. Entgegen einer sich als universal verstehenden westzentrischen Kunstgeschichte, die den Blick des westlichen Connaisseurs privilegiert hatte, standen in diesen Untersuchungen regional etablierte Formensprachen und entsprechende ästhetische Konventionen im Fokus. Dazu gehörte es, dass das spezifische Vokabular, mit dem künstlerische Praktiken und ästhetische Urteile benannt wurden, ebenso einbezogen wurde wie die Verflochtenheit der einzelnen Gattungen. In diesem Sinne argumentiert Abiodun (2014) dafür, genuine Yoruba-Terminologien und die sich darin artikulierenden ästhetischen Konzepte in den kunstwissenschaftlichen Diskurs aufzunehmen. Zudem gelte es, die mündlich rezitierten *oriki*-Preisgedichte als eigenständige Form der Kunstkritik einzubeziehen.

Plastische Formen zwischen Naturalismus und Abstraktion

Die Rezeption afrikanischer Skulpturen durch Künstler und Künstlerinnen der europäischen Avantgarde führte zu der haltlosen Annahme, dass eine abstrakte Ausdrucksweise vorherrschend sei. Dabei wurde übersehen, dass die Künste Afrikas ein weites Spektrum stilistischer Darstellungsformen umfass(t)en – von schonungslos realistisch geformten Terrakotten bis hin zu stark stilisierten Plastiken. Hier gilt, wie bei allen Diskussionen ästhetischer Prinzipien, dass sie nicht als Selbstzweck zu betrachten sind, sondern an ihre spezifischen Kontexte rückgebunden werden müssen. Beispiele naturalistischer und zugleich idealisierter Formen stellen die Werke aus Ife dar. Sie wurden auf das 12. bis 15. Jahrhundert datiert; Gehöfte und Straßen in Wunmunije und Ita Yemoo zählten zu den wichtigsten Fundorten gekrönter Köpfe (Abb. 16) und kleinerer Skulpturen wie der eines eng umschlungenen Paares (Abb. 20). Sie waren entweder aus Terrakotta geformt oder in der Technik des Gusses in verlorener Form (Wachsausschmelzverfahren) hergestellt, wobei die Tonbildhauerei älter ist und weitaus mehr Keramikskulpturen bekannt sind. Die dünnwandigen Gussstücke waren entstanden, indem ein aus Wachs modellierter Kern mit Ton überzogen und gehärtet wurde. Nach Erwärmung und Schmelzen des Wachses wurde die Form mit einer Mischung verschiedener flüssiger Metalle, meist Zink und Kupfer, ausgegossen. Was die Ife-Plastiken auszeichnet, ist ihre große Liebe zum Detail: ausladende Frisuren, Kleidungsstücke, deren Texturen und Haptik sich erahnen lassen, gut erkennbare Halsringe und Armreife. Vor allem die Kopfbedeckungen und Kronen weisen die Skulpturen als Darstellungen königlicher Würdenträger und Würdenträgerinnen aus. Dazu passt ihre ruhige, gelassene Autorität ausstrahlende ‹Maske der Kühle›. Für Prosperität und Erfolg standen die durch horizontale Bänder angedeuteten Fettwülste. Trotz der ähnlichen Ausgestaltung fast aller Köpfe, wozu die mandelförmigen Augen wie generell die makellose Symmetrie zählen, vermittelten sie zugleich eine Ahnung von der Indivi-

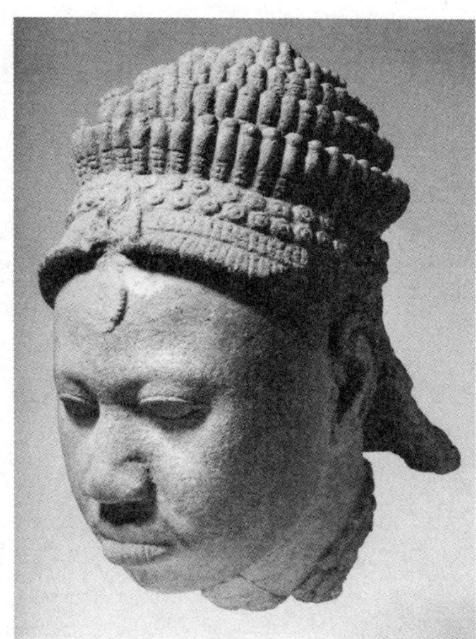

16 Kopf einer Königin, Ita Yemoo, 12.–13. Jahrhundert, Terrakotta, 25 cm, Ife Museum, NCMM, Nigeria

dualität der Regenten und ihrer Partnerinnen. Wegen der besonderen Sorgfalt, die offenkundig in die (teils auch farbige) Ausarbeitung der einzelnen Details gelegt wurde, ist davon auszugehen, dass nach Modellen gearbeitet wurde. Auffällig an den Köpfen sind die feinen, das gesamte Gesicht in parallelen Linien durchziehenden Rillen sowie einige runde Bohrlöcher um Haaransatz und Kinn. Einschnitte an der Stirn könnten als Befestigung von bis heute bei den Yoruba gebräuchlichen konisch zulaufenden Kronen gedient haben. Die langen, an der Seite herabhängenden Perlenschnüre mussten das Gesicht des *oni* verdecken – ein Effekt, der womöglich mittels der senkrechten Riefelungen angedeutet wurde. Gemäß Eyo und Willet (1983) könnten die Köpfe mit Hilfe der massiveren Durchbohrungen am Hals an beweglichen Holzkörpern befestigt gewesen sein – ganz ähnlich, wie es der Fall bei den rezenteren Ako-Figuren ist, die für sekundäre Bestattungen eingesetzt wurden.

Ähnliche idealisierende Abbildungstraditionen sind auch aus

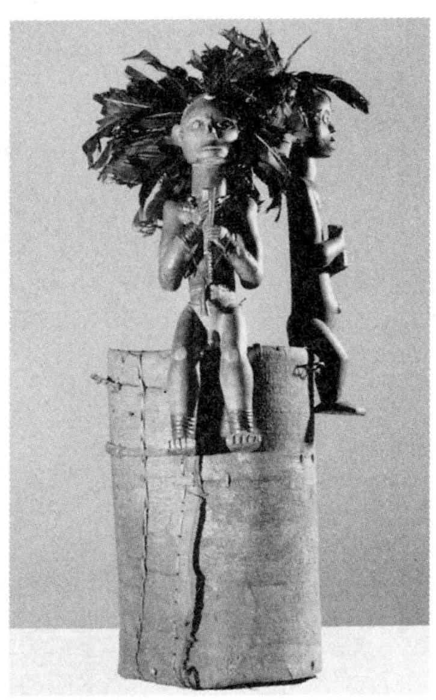

17 Reliquiarfigur *byeri*, 19. Jahrhundert, Holz, Federn, Messing, Eisen, 77 cm, Ethnologisches Museum, Berlin

anderen höfischen Kontexten bekannt. Die Identifikation der Regenten erfolgte weniger über physische Ähnlichkeit, sondern durch den Einbezug signifikanter Details und typischer Ikonografie. Das Gegenteil einer solchen Idealisierung, die Menschen stets in der Blüte ihres Lebens mit einem jungen kraftvollen Aussehen abbildete, sind veristische, das heißt realistische Formen, die Spuren von Krankheit und Alter offenbarten. Fritz Kramer (1987) zufolge sind diese Darstellungsweisen Feinden oder kulturell Fremden vorbehalten, allerdings in einer ebenso generischen und nicht-individualistischen Weise. Bereits die Ife-Werke belegten, dass Abstraktion und Realismus einander weder ausschließen noch als notwendige Abfolge zu verstehen sind. Vielmehr existierten sie gleichzeitig und komplementär zueinander und ihre Anwendung war vom jeweiligen Sujet vorgegeben. Das Abstraktionsprinzip dominierte vor allem dort, wo es um die Läuterung von Eigenarten und die Transfiguration der Verstorbenen in Ahnen ging – eine reduzierte und tendenziell abstrahierende Gestaltung markierte die Ahnen als überzeitliches Vorbild und unterstrich die Vorstellung der wechselseitigen Abhängigkeit der lebenden und der verstorbenen Mitglieder einer Familie oder einer größeren Gruppe. Die soziale Funktion dieser Bildwerke stand demnach im Vordergrund und bedingte ihre ästhetische Erscheinung. In ihrer hochformalisierten Ausprägung mit leicht konkaven ovalen Gesichtsformen, den kreisbogenartigen Frisuren und Metall-Beschlägen, oder mit Kupferdrähten komplett überzogen, wachten Kota-Reliquiarfiguren über Behältnisse, in denen die Gebeine der Vorfahren zusammen mit pflanzlichen Substanzen aufbewahrt und gelegentlich gezeigt wurden. Kota-Figuren erfüllten ähnliche Zwecke wie die *byeri* genannten Reliquiarfiguren der Fang, ihrer Nachbarn im nördlichen Gabun, die wie sie im 18. Jahrhundert aus Gebieten des heutigen Kameruns in die Region migriert waren. Die *byeri* zeigten meistens vollständige anthropomorphe Figuren, denen Federaufsätze beigegeben, die mit Perlen und manchmal mit aus Europa gehandelten Knöpfen versehen waren und die ein mit Medizin gefülltes Horn in Händen hielten (Abb. 17).

Ausgewogenheit der Form und symmetrische Balance

Eines der zentralen Sujets der figurativen Bildhauerei war der Mensch, dessen natürliche Proportionen häufig zugunsten eines überproportional großen Kopfes verändert waren. Keinesfalls hatte dies, wie in der älteren Literatur oft angenommen, mit einem unzulänglichen mimetischen Vermögen zu tun. Vielmehr scheinen diese vielfach anzutreffenden künstlerischen Konventionen der Übertreibung der menschlichen Anatomie symbolische Gründe gehabt zu haben: So wurde dem Kopf, als dem Behältnis übernatürlicher Energien oder als Sitz wichtiger kognitiver Fähigkeiten und Empfindungen, häufig eine wichtige Rolle zugeschrieben – bei den Yoruba galt er als Sitz der Seele (*iwa*) und der Lebenskraft (*ase*). Gemäß Abiodun unterschied man zwischen dem inneren (spirituellen) und dem äußeren (sichtbaren) Kopf – beiden waren Schreine in Form von kunstvoll gearbeiteten und mit Kaurischnecken verzierten, abstrakten Gegenständen gewidmet (Abb. 21). Neben dieser Betonung des Kopfes waren anthropomorphe Skulpturen auch durch das Prinzip der Frontalität und Symmetrie bestimmt. Dies galt für sehr viele der heute ikonischen Genres, darunter Geist-Ehepartner der Baule oder manche Igbo-Statuen. Was sie trotz aller regionaler und kontextueller Unterschiede oft verband, war eine Komposition, die auf die Ausgewogenheit von Form, Farbe und Fläche abzielte – und die den Ausdruck innerer Ruhe als weithin anzutreffendes Ideal des Personseins widerspiegelte; im weiteren Sinne, so Vogel, markiere eine kontrollierte Erscheinung der Skulptur das Prinzip gesellschaftlicher Ausbalancierung. Glatte, das Licht besonders reflektierende sowie glänzende Oberflächen stellten ein weiteres häufig anzutreffendes ästhetisches Desiderat dar, was für die Yoruba von Farris Thompson (1974) besonders herausgearbeitet wurde.

Konträr zu einer Ästhetik der Klarheit und Stasis, die in der monoxylischen (d. h. aus einem Stück gefertigten) Herstellungstechnik ihre Entsprechung fand, standen tendenziell Komplexität und eine asymmetrische Gestaltung, die eher den Effekt dynamischer Bewegtheit evozierte. Zu den bekanntesten, durch Asymmetrien charakterisierten Skulpturen zählen die Bocio-Königsfiguren aus Dahomey in der heutigen Republik Benin. Sie sollten Unheil abwehren und – über die Analogie mit gefährlichen Tieren – die Macht der Regenten visuell vor Augen führen. Im Kriegsfalle dienten sie als Standarten. Ungewöhnlich ist mit fast zwei Metern nicht nur ihre Größe, sondern auch die durch den Kontrapost bestimmte dynamische Pose der Tier-Mensch-Gestalten. Von dem weithin verbreiteten symmetrischen Schema weichen auch die monumentale Plastik und Gedenkfiguren der Bangwa aus dem Hochland Kameruns ab (Abb. 22). Eine Frauenfigur, die dem bekannten Künstler Ateu Atsa zugeschrieben wird, hat wegen ihrer besonderen Unmittelbarkeit und körperlichen Präsenz ikonischen Status erlangt. Atsa zeigte sie in Bewegung, mit leicht angewinkelten Beinen, einem nach vorne geneigten Oberkörper, eine Rassel in der rechten Hand haltend und leicht geöffnetem Mund. Wie alle

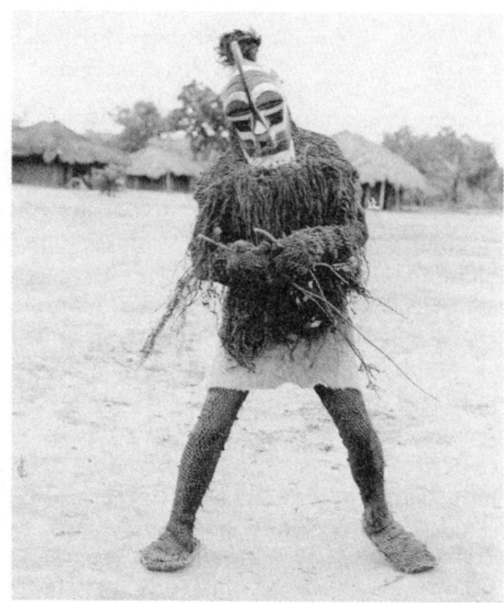

18 *Kifwebe*-Maske, Kita 1 village, Muo Chiefdom, östliches Songye, Foto: Dunja Hersak, 1978

seine Werke ist sie durch eine kantige Form und die grob behauene Oberfläche charakterisiert. Knapp zwanzig Gedenkfiguren in ähnlich asymmetrischen Posen sind von ihm bekannt. Ungewöhnlich war, dass er die Figuren auf kreisrunden Sockeln schnitzte, stets versehen mit den wichtigsten königlichen Insignien wie Noppenkappe, Halsketten und Trinkhörnern. Weitere in dieser Hinsicht interessante Beispiele stammen von den Songye. Ihre mit feinen Streifen dicht überzogenen *kifwebe*-Gesichtsmasken verkörperten Abgesandte der herrschenden Elite oder Geister der Wildnis (Abb. 18). Asymmetrien und ein dynamisierter Eindruck waren über die Tendenz zur Verselbstständigung einzelner Volumina erzielt worden. Die für die Masken zuständigen Mitglieder der *kifwebe*-Vereinigung verfügten über ein esoterisches Wissen, welches in den skulpturalen Merkmalen, grafischen Mustern und der besonderen Farbgebung der Masken gleichsam mnemotechnisch, das Gedächtnis unterstützend, codiert war.

Geometrische und abstrakte Designs als Wissensarchive

Asymmetrien und irreguläre Kompositionen überwogen in den Gestaltungen von Oberflächen – ganz gleich, ob es sich um die menschliche Haut, architektonische Hüllen, Textilien oder das Äußere von Gegenständen handelte (Abb. 29). In fast allen Regionen Afrikas war die Textilproduktion – im Gegensatz zu westlichen Gattungshierarchien – ein hochgeschätztes und spezialisiertes Metier, welches oft eine männliche Domäne war. Die zentrale Bedeutung von Stoffen spiegelte sich in ihren zahlreichen sozialen und gesellschaftlichen Bezügen, die über ihre unmittelbare Verwendung als Kleidung oder architektonisches Element weit hinausreichten. Babatunde Agbaje-Williams (2005) sieht in den besonderen Eigenschaften der Stoffe wie ihrer Flexibilität oder ihrer Fähigkeit, als ‹zweite Haut› buchstäblich Spuren des Menschen aufzunehmen, weitere Belege ihrer zentralen, oft auch spirituellen Bedeutung. Zu den bekanntesten textilen Genres zählen *kente*-Stoffe aus Ghana und Togo, aus Wolle und Baumwolle gewebte Decken aus Mali und Niger, die als Wandpaneele architektonische Funktionen übernahmen, Indigo-gefärbte *adire* und *ndop*-Stoffe aus Nigeria und Kamerun, *bogolan*-Stoffe der Bamana und aus Fasern der Raffia-Palme gewebte Stoffe und Matten aus den beiden Kongo-Staaten. So vielfältig dieses Werkkorpus ist, so lassen sich doch einige übergreifende ästhetische Merkmale herausdestillieren, die auch Affinitäten zu den Designs anderer zweidimensionaler Gestaltungen aufweisen. Gemäß Monni Adams (1989) überwogen in vielen Textilien asymmetrische Musterungen, durch Farbe und Bewegung gebrochene Serialität und Diskontinuität (Abb. 30). Ungleiche Motive waren einander gegenübergestellt, die reguläre Wiederholung eines Motivs wurde durch einen Wechsel in Textur, Richtung oder Größe unterbrochen; komplexe Geometrien wurden durch einen Rhythmus wiederkehrender Motive zusammengehalten. Adams sah in den gestalterischen Prinzipien und Vorlieben für das Heterogene und Fragmentarische sowohl Überschneidungen mit der Polyrhythmik vieler afrikani-

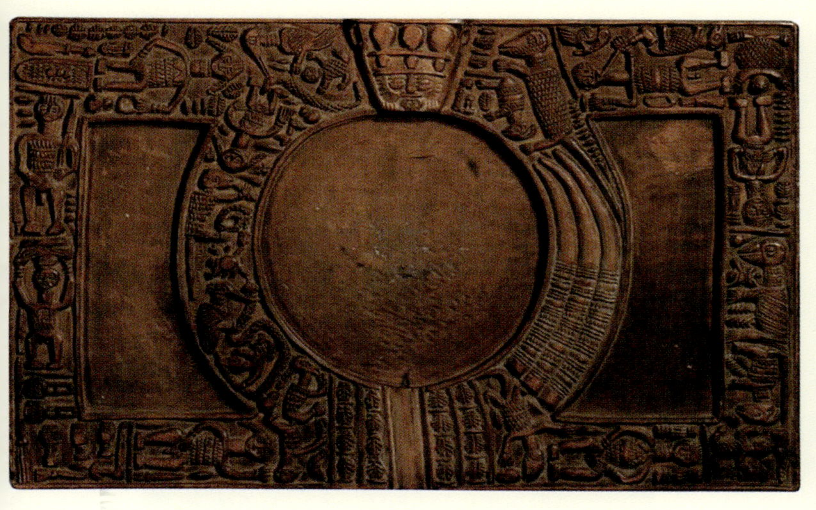

19 *Ifa*-Divinationsbrett, wahrscheinlich aus dem Königreich Allada in der heutigen Republik Benin, frühes 17. Jahrhundert, Holz, 34 cm, Museum Ulm, ehemals Kunst- und Naturalkammer von Christoph Weickmann

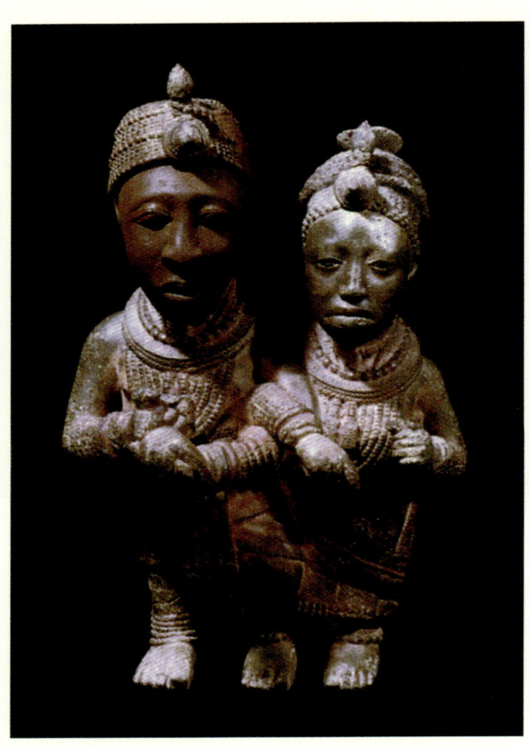

20 Figurenpaar, Ita Yemoo, 12.–15. Jahrhundert,
Zink-Messing und Farbpigmente, 29,6 cm, Ife Museum, NCMM, Nigeria

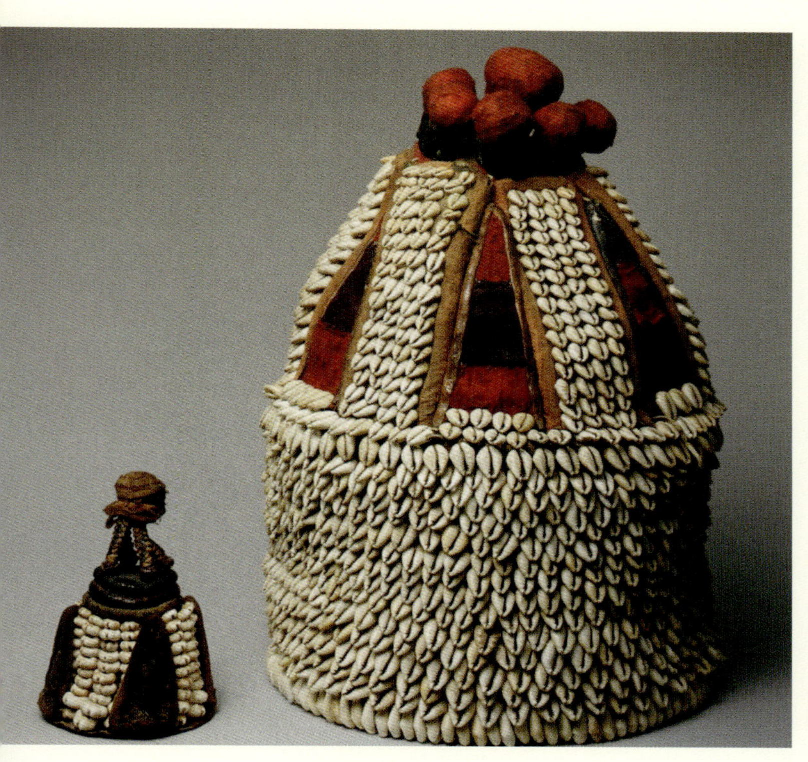

21 Schrein des inneren Kopfs (*ibori*) und Kopf-Haus (*ile ori*), Yoruba-Werkstatt, 19.–20. Jahrhundert, Kaurischnecken, Baumwolle, Leder, 13,3 cm und 35 cm, Metropolitan Museum of Art, New York

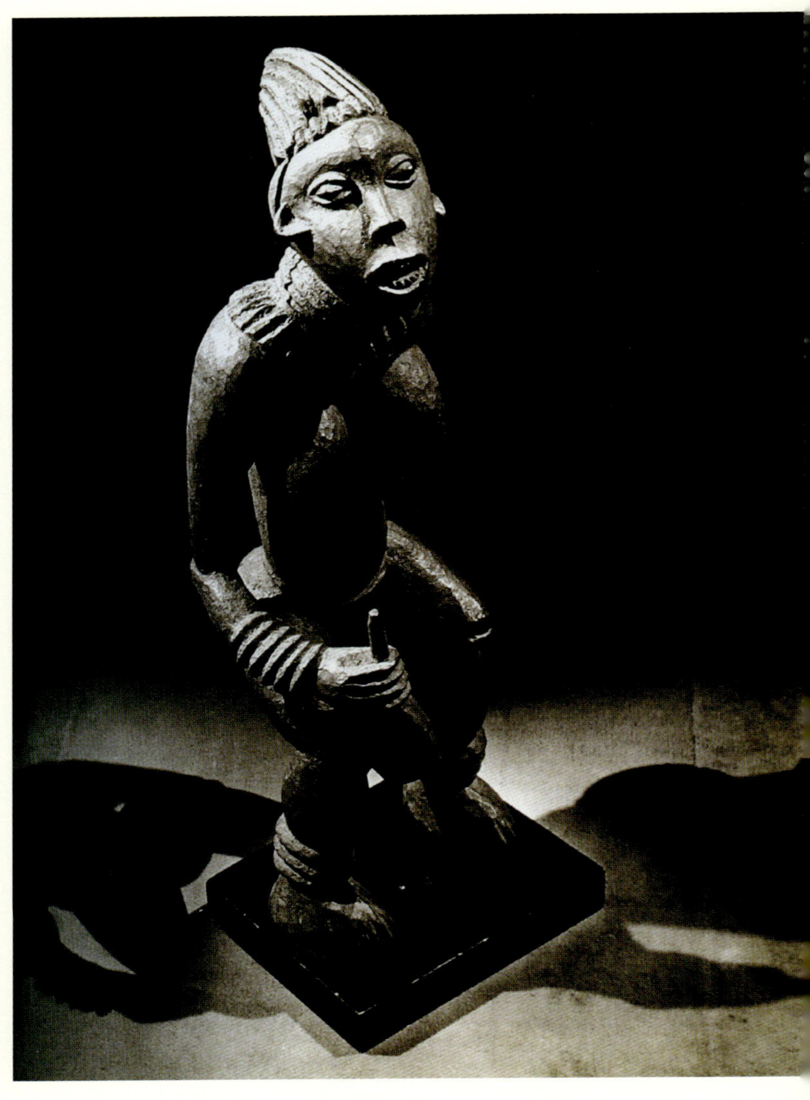

22 Skulptur eines Bamilke-Bildhauers, Kamerun («Bangwa Queen»), Foto: Man Ray, um 1934, Silbergelatineabzug

scher Musiktraditionen wie auch mit dem in verschiedene Bewegungszonen zerlegten Körper des Tänzers. Der Kunsthistoriker Doran Ross (1998) unterstrich das kinetische Moment von Textilien, welches sie von der Zwei- in die Dreidimensionalität überführte. Ein weiteres Paradigma stellte das serielle Kompositionsprinzip dar, exemplifiziert in vielen *adire*-Stoffen der Yoruba. Distinktive Einheiten wurden eher nach einem Reihenmodus denn nach einer übergeordneten narrativen Ganzheit zusammengestellt.

Mit den nicht-gegenständlichen, geometrischen und abstrakten Formen hat es noch eine weitere Bewandtnis, die vor allem in neueren Forschungen herausgestellt wird. «Geheimnisse werden in der Kunst oft durch grafische Systeme und Muster verschlüsselt, etwa durch Unregelmäßigkeiten in einem geometrischen Schema oder durch Abstraktion naturalistischer Motive», so Mary Nooter Roberts (1993). So waren Perlenarbeiten aus den Zulu- und Xhosa-sprachigen Gesellschaften des südlichen Afrikas Botschaften über soziale Identitäten, Zugehörigkeiten und gesellschaftlichen Status eingeschrieben. Diese konnten nur von Personen gelesen werden, die die farblichen und gestalterischen Codes, die, einem Dialekt gleich, von Region zu Region variierten, kannten. Die ausschließlich von Künstlerinnen hergestellten filigranen Perlengewebe vermittelten symbolische Bezüge; neben spirituellen Dimensionen ließen sich anhand von Mustern und Motiven und fein differenzierten Farbpaletten komplexe narrative Botschaften vermitteln, auch Liebesbotschaften (Abb. 23). Wie in anderen Teilen Afrikas existierte auch im Süden eine einheimische Perlenproduktion aus pflanzlichen Materialien; zwischen dem 7. und 10. Jahrhundert kamen Glasperlen aus den Gebieten des Persischen Golfes, ehe sie ab Mitte des 19. Jahrhunderts massenhaft aus Venedig und Böhmen eingeführt wurden und zu einer Demokratisierung in der Anwendung führten. Neben ihrer Funktion als Zahlungsmittel glichen sie einem komplexen Schriftsystem – eine Form visueller Kommunikation. Laut Gary van Wyk (2003), stell(t)en die gewebten und gestickten Perlenarbeiten ein zentrales Medium innerhalb der ‹afrikanischen› Kunst dar – ein Grund, weshalb

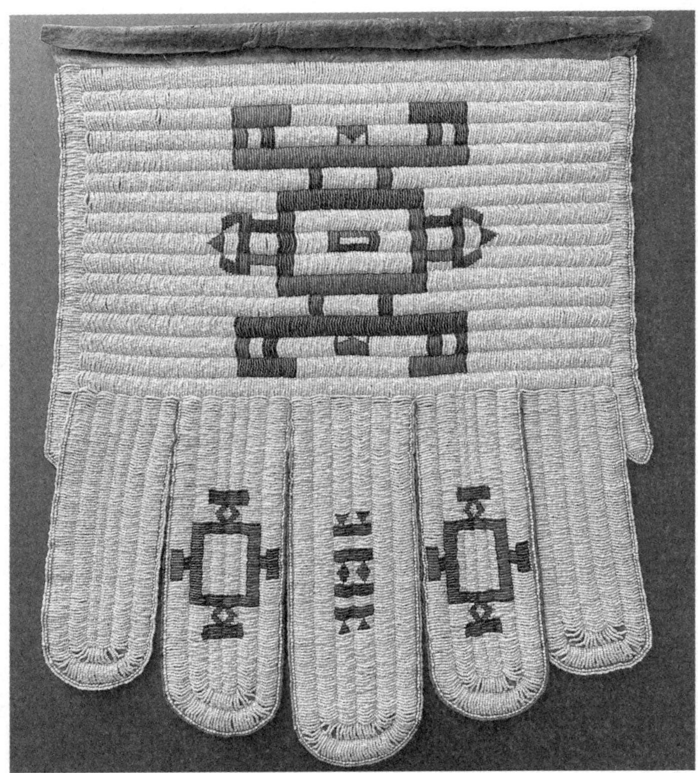

23 Unbekannte Ndebele-Künstlerin, 1930er Jahre, Ijhorholo (Zeremonial-schürze für eine verheiratete Frau), Ziegenleder, Glasperlen, Garn, 70 x 56,5 cm

ihre genuine Ästhetik, aber auch ihre Bedeutung als materielles Archiv im Gegenwartsdesign oft aufgegriffen wird – etwa in den *Heritage*-Kollektionen von Maxhosa by Lauma.

Selten waren geometrische Formen und abstrakte Muster nur schmückend gemeint. Allerdings – und das gilt für viele Formen und Medien grafischer Abstraktion – wurden sie im kolonialen Umfeld oft bewusst auf ihre dekorativen Äußerlichkeiten reduziert und die ihnen inhärenten vielschichtigen Wissensbestände ignoriert. Denn – und das belegten zuerst die Forschungen zu Fraktalen im afrikanischen Design von Ron Eglash (1999) – Perlenhandarbeiten, aber auch Korbflechtereien, Textilien ebenso wie Sandzeichnungen und das *ifa*-Divinationssystem der Yoruba basierten auf komplexen mathematischen und algorithmischen Strukturen. Der Entwurf grafischer Muster spielte auch in den noch ausführlicher dargestellten Künsten des Kuba-Königreiches eine große Rolle. Sie wurden als eigene Gattung angesehen und die Bezeichnung *bwiin* verwies in erster Linie auf gestalterische Tätigkeiten und Design im Sinne von grafischem Entwurf. Während manche Muster an bestimme Aufgaben gebunden waren, wanderten andere durch die Materialien. Zentral und wahrscheinlich anderen Formen vorgängig waren die Raffia-Gewebe (Abb. 31). In einem arbeitsteiligen und komplementär zwischen den Geschlechtern organisierten Prozess entstanden die Textilien aus den Fasern der Raffia-Palme, seltener aus (geschlagenem) Rindenbast. Auf Einschaftwebstühlen stellten die Männer die Grundpaneele her, die dann von den Frauen zusammengenäht, gefärbt und mit geometrischen Mustern, Applizierungen und Patchwork versehen wurden. Von Hand konnten die Schussfasern geschnitten und zwischen den Händen gerieben werden, so dass sich ein dichter Flor bildete. Zwei bevorzugte kompositorische Ansätze bildeten zum einen das Gesamtfeld aus verflochtenen Bändern, die ein sich in alle Richtungen erstreckendes Netzwerk suggerieren, und zum anderen die Reihen und Spalten von rechteckigen Einheiten, die ein individuelles Knotenmotiv einrahmen. Untersuchungen verweisen auch in diesem Kontext auf die den Mustern und ihren Variationen zugrundeliegenden mathematischen Prinzipien.

Materialästhetik: Holz, Terrakotta und Eisen

Von der Wichtigkeit verschiedener Materialien und ihren Eigenheiten zeugen Yoruba-Überlieferungen, die jeden Werkstoff mit einem bestimmten *orisa* als Gehilfen der Künstlerinnen und Künstler assoziieren: Obatala formte den Ton, Ogun das Eisen und der Shango vermochte es Steine zu behauen. Auch für viele andere Kontexte gilt, dass man der Materialität eines Objektes eine besondere symbolische und semantische Kraft beimaß – Dinge galten als wirkmächtig infolge ihrer spezifischen materiellen Eigenschaften (Herreman 2003). Vorsichtig ließe sich behaupten, dass Artefakte weniger nach ihrer Form als nach ihren Materialaspekten klassifiziert wurden. Die für die westliche Kunstgeschichte lange Zeit so wirkmächtige Vorstellung einer primär kontemplativen Kunst*betrachtung* war in den meisten afrikanischen Kontexten inexistent oder zumindest nachgeordnet. Denn ihre zentrale Bestimmung war es, eine Verbindung mit der spirituellen Sphäre, also mit spirituellen Entitäten wie Gottheiten und Ahnen, herzustellen. Dementsprechend waren Artefakte zwar auch Container für übernatürliche Substanzen, genauer betrachtet funktionieren sie aber eher als Formen der Vergegenwärtigung. Dazu kommt, dass den Werkstoffen selbst oft eine inhärente übernatürliche Kraft zugeschrieben wurde.

Holz in seinen verschiedenen Härtegraden stellt bis in die Gegenwart ein immens wichtiges Arbeitsmaterial dar. Je nach Zweck wurden harte Sorten eher für Alltagsgegenstände verwendet; für Masken, die bei Beschädigung oft erneuert und daher nicht auf langfristigen Gebrauch zielten und die zudem oft über Stunden getragen werden mussten, wählte man weichere Hölzer. Der kreative Prozess und die verwendeten Werkzeuge bei der Holzbearbeitung (und Elfenbeinschnitzerei) ähnelten sich in den verschiedenen Regionen. In den allermeisten Fällen waren Gegenstände aus Holz monoxylisch, also aus einem Stück gefertigt. Polyxylische Objekte – wie die komplexen Tableaus der Ejagam-Masken – sind nur wenige bekannt. Geschnitzt wurde direkt ohne Vorzeichnung oder Entwurf im noch feuchten Holz. Als Erstes erstellte man mit einem großen Messer den Werkblock; die eigentliche Schnitzarbeit erfolgte mit einer Dechsel mit quergestellter Schnittfläche; schnell und präzise konnten auch sehr dünne Späne abgetragen und optisch interessante Oberflächen geschaffen werden. Für die Feinarbeit, die wie der gesamte Vorgang eine subtraktive Technik ist, kam ein kleineres Messer zum Einsatz; Löcher wurden mit einem spitzen und im

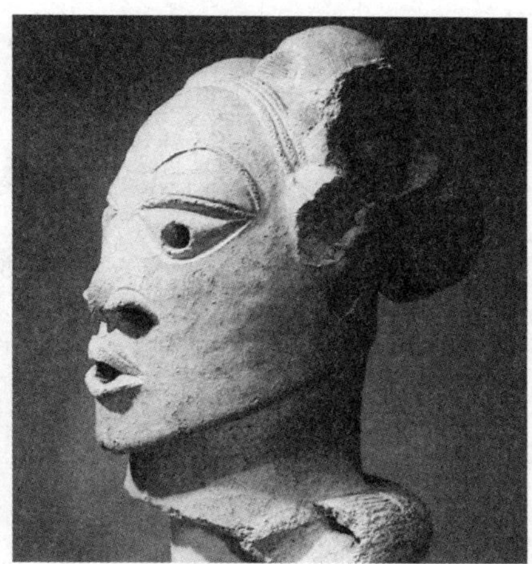

24 Nok, 900 vor unserer Zeitrechnung bis 200 nach unserer Zeitrechnung, 36 cm, National Museum, Lagos, NCMM, Nigeria

Feuer erhitzten Eisenstab gebohrt. Die Oberfläche erforderte meist besondere Aufmerksamkeit; sie konnte mit einem rauen Blatt geglättet oder wahlweise mit der flachen Seite eines Messers poliert werden; um sie zu verdunkeln wurden die Stücke in Schlamm getaucht oder angekohlt. Viele Skulpturen wurden bemalt, mit organischen oder anderen Materialien überkrustet, mit Pflanzensäften gebeizt oder mit Reliefschnitzereien und mit auf Stoff applizierten Perlenschnüren überzogen.

Ein Korpus von Terrakotta-Skulpturen ist der früheste Beleg für bildhauerische Praktiken südlich der Sahara. Die Werke firmieren unter dem Namen Nok, benannt nach der ersten Fundstelle (1928) auf dem zentralnigerianischen Jos-Plateau. Ihre Blütezeit wird von der archäologischen Forschung auf die Zeit zwischen 900 vor bis 400 nach unserer Zeitrechnung datiert. Nok-Skulpturen sind aus grobkörnigem Ton von Hand geformt und im offenen Feldbrand bei Temperaturen von 700 bis 800 Grad Celsius zu Keramik gebrannt; sie sind annähernd lebensgroß. Das markanteste Merkmal der naturnahen, aber stilisierten Mensch- und Tierdarstellungen sind die Augen: Sie sind fast immer halbkreisförmig oder dreieckig ausgearbeitet und bilden oft eine Einheit mit den Augenbrauen, die plastisch

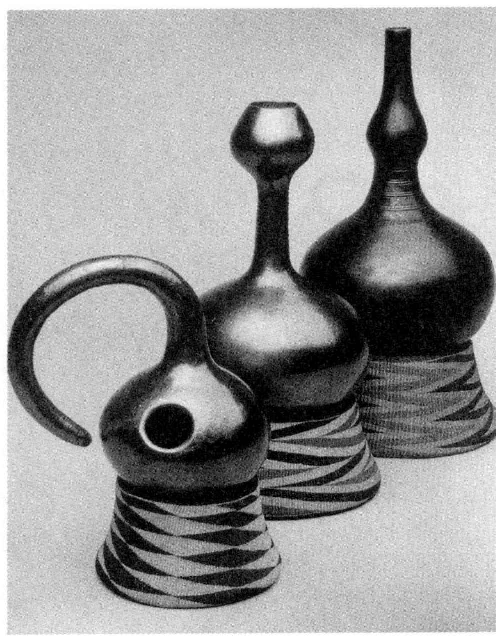

25 Tongefäße, Uganda, 20. Jahrhundert, Terracotta, Pflanzenfasern, ca. 34 cm, The British Museum, London

hervortreten. Besonders charakteristisch sind auch die Löcher oder Vertiefungen, die die Pupillen kennzeichnen. Häufig stellen sie aber auch Nase, Mund und Ohren dar. Die Köpfe können ebenso länglich wie rund sein; oft sind sie aus basalen geometrischen Formen entwickelt. Die Figuren stehen starr mit angewinkelten Armen oder sitzen auf Tongefäßen. Auch Mischwesen aus Mensch und Tier sind bekannt. Trotz einer starken Stilisierung des Gesichtes ist die Ausgestaltung, was Frisuren, Schmuck und Kleidung angeht, detailliert (Abb. 24). Wenige Figuren sind aus massivem Ton geformt und nicht wie die meisten Plastiken innen hohl. Über die Bedeutung der Terrakotten wie auch ihre Schöpferinnen und Schöpfer lässt sich bislang nur spekulieren. In den allermeisten Fällen allerdings war und ist die Keramikproduktion eine Domäne der Frauen: Das gilt für sehr viele der unterschiedlichsten Gefäßkeramiken und skulptu-

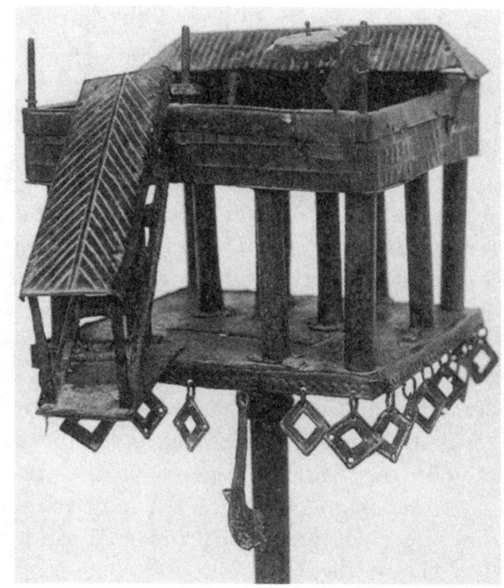

26 *Asen*, Memorial-Skulptur, König Agaja (1708–1740) gewidmet, Fon, Republik Benin, 19. Jahrhundert, Eisen, 1,27 m, Musée Historique, Abomey

ralen Formen, darunter auch als irdene Altäre angesehene Töpfe, denen weitere Miniaturtöpfe eingearbeitet sind; sie stammen aus den Ewe-Regionen in Togo. Ähnliches gilt auch für die Bestattungsgefäße (*abusua kuruwa*) der Akan, die Fingernägel und Haare verstorbener Familienmitglieder aufnahmen. Als Zeichen ihres hohen Status besaßen Frauen und Männer an den Höfen von Buganda schwarze, mit Graphit polierte Vasen (*ensumbi*), deren kunstvoller Charakter ausgestellt wurde, indem man sie auf geflochtenen Ständern präsentierte (Abb. 25).

Eisen-Gussverfahren, vor allem aus Kupfer und Kupferlegierungen, sind für den gesamten Kontinent seit der Zeitenwende (und einige Jahrhunderte davor) nachgewiesen. Belege einer überaus nuancierten künstlerischen Produktion stammen aus der Ortschaft Igbo Ukwu im südöstlichen Nigeria. Getriebene Formen wie auch Gussstücke aus Bleibronzen konnten auf das 10. Jahrhundert datiert werden. Unter den zahlreichen Beispielen für die Metallverarbeitung sind die Eisenaltäre (*asen*) der Fon aus dem heutigen Staat Benin wegen ihres Detailreichtums besonders bekannt. In ihrer Funktion entsprechen sie den irdenen Bestattungsgefäßen der Akan. Die Altäre bieten den Ahnen einen temporären Aufenthaltsort und sind somit greifbare Erinnerungsobjekte der wechselseitigen Abhängigkeit der Lebenden und der Toten. *Asen* bestanden aus einer eisernen Stange, auf der sich eine runde oder eckige Scheibe befand, meist gestützt von kleineren Verstrebungen. Auf diesen Plattformen waren unterschiedliche Figuren und Embleme, die entweder im Wachsausschmelzverfahren gegossen oder aus Eisen und Blech geschmiedet wurden, narrativ in Szene gesetzt. Ein mit König Agaja (1708–1740) in Verbindung gebrachtes *asen* zeigt eine *attoh*-Plattform – eine temporäre Architektur, die für besondere Staatszeremonien aufgebaut wurde (Abb. 26). Sie diente Umzügen, die auch das Zeigen eigens für diesen Zweck geschaffener Objekte beinhalteten. Ebenso wie in anderen höfischen Kontexten waren Handwerker und Künstler auch im Fon-Königreich mit seiner Hauptstadt Abomey in Gilden organisiert. Neben den Metallobjekten stellten sie Pavillons, Baldachine, Schirme und mit Applikationen verzierte Banner her. Asen-Objekte wurden gemeinsam mit den Kraftfiguren (*bocio*) in den (royalen) Schreinen aufbewahrt und rituell mit Speisen und Getränken beopfert.

Akkumulation als ästhetisches und inhaltliches Prinzip

Auf ungewöhnliche und neuartige Weise wurde ein *asen*-Altar als ‹Kopfbedeckung› auch in eine lebensgroße Metallplastik aus dem 19. Jahrhundert integriert, die nicht Teil des Konvolutes der 2021 aus Frankreich nach Benin zurückgegebenen Stücke war, obgleich sie ebenfalls 1894 entwendet wurde. In ihrem ursprünglichen Kontext war die Plastik Gu, der Gottheit des Eisens, gewidmet. Ihre Anhänger waren Personen, welche von Berufs wegen mit Metallen hantierten. Normalerweise hatten sie in ihren Gehöften Schreine, die aus Anhäufungen ausrangierter Eisenstücke bestanden. Die in der Plastik vollzogene Personifikation von Gu bedeutete einen Traditionsbruch. Joseph Adandé (2000) schreibt sie der Werkstatt des Fon-Künstlers

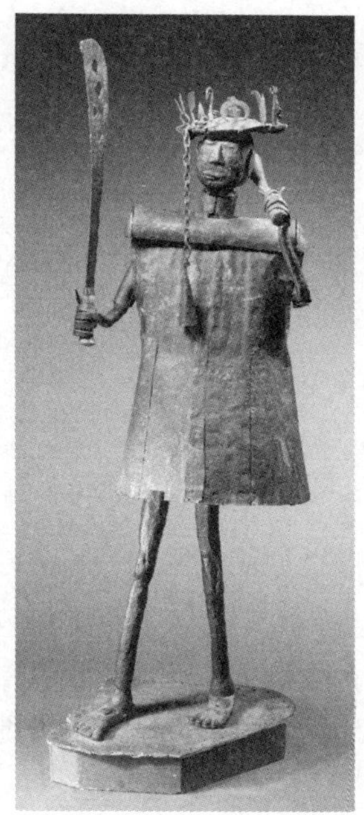

27 Akati Ekplékendo, Gu, ca. 1858, Eisen, Holz, Höhe: 165 cm, Pavillon des Sessions, Louvre, Paris

Akati Ekplékendo zu. Es handelt sich um eine (über-)lebensgroße Metallplastik, die aus Fundstücken wie Schrauben, Muttern oder Ketten, aber auch aus ausgemusterten Stahlplatten von Schiffen und Schienen zusammengesetzt wurde. Sie zeigt einen mit einer Tunika bekleideten schreitenden Mann, der einen Gong und ein Zeremonialschwert in den Händen hält. Seine Kopfbedeckung bildet ein *asen*, das wie üblich über diverse Miniaturobjekte die Gottheit charakterisiert (Abb. 27).

Die Gu-Skulptur ist aus mehreren Gründen bemerkenswert: Zum einen, da sie das für die Gegenwartskunst charakteristische Verfahren der *récupération*, also der Rückgewinnung oder Wiederverwertung ausrangierter Materialien, bereits für das 19. Jahrhundert belegt. Zum anderen verweist ihr fragmentarischer und zusammengesetzter Charakter auf eine Ästhetik der Akkumulation (Rubin 1974), die zahlreiche Objektgattungen und künstlerische Praktiken kennzeichnete. Am bekanntesten sind die *minkisi* (Singular *nkisi*) von der Kuba-Angola-Küste in Zentralafrika (Abb. 32). Im Allgemeinen waren solche Kraftfiguren mächtige Instrumente zur Durchsetzung von Konformität. Sie entfalteten ihre Wirkmacht über ihre materiell-ästhetische Präsenz, nämlich über die Vielzahl der zu ihrer Aktivierung eingeschlagenen Nägel oder Eisenklingen. Auch angeheftete Stofffetzen, geknotete Schnüre – Knoten signalisierten Strafen wie Fesselungen – und an Kopf oder Bauch angebrachte Medizinbündel kamen in Frage. Es handelt sich um eine Ansammlung wirksamer Substanzen, wobei es wahrscheinlich mit jeder Ergänzung seine eigene Bewandtnis hatte und jede Neuanbringung eine Potenzierung der Kraft bedeutete. Allerdings waren die *minkisi* nicht per se mächtig. Sie mussten vielmehr von einem rituellen Spezialisten, dem *nganga*, mobilisiert und mit organischen Substanzen angereichert werden. Manchmal geschah dies durch Federn oder mit Stoff- oder Lederstreifen. Deren Grundgedanke war, so Wyatt MacGaffey, «dass sie flattern, wenn der *nkisi* im Verlauf des Rituals zum Tanzen gebracht wird, und dass sie eine Brise oder einen Geist suggerieren. Wie sein *nganga*, der zittert und springt, zeigt der *nkisi* Anzeichen von Geisterbesessenheit» (Übersetzung der Autorin). *Minkisi* schützten vor Unglück und Krankheit und sollten die Gemeinschaft vor Angriffen bewahren. Lokale Klassifikationen unterschieden *minkisi* von unten (Erde, Quellen, terrestrische Gewässer) und solche von oben (Himmel, Gewitter); andere Kategorien unterteilten sie nach ihrem Zweck, etwa existierten *minkisi* für Divinationen, andere versprachen Erfolg beim Jagen oder vereinten mehrere Aspekte; oft dienten sie juristischen Zwecken. Sie besiegelten Abmachungen oder bekräftigten Verträge. Die bildhauerische Form der allermeisten Figuren – allein der *nkisi nkondi* war durch seine aggressive und einschüchternde Pose charakterisiert – hat nur eine nachgeordnete Bedeutung. Im Grunde konnte jedes natürliche Objekt oder jeder Gegenstand Basis jener Anhäufungen werden.

Wie die *minkisi*, deren Erlebnis untrennbar mit dem künstlerischen Komplex aus Kostüm, Musik und Tanz verbunden war, sollten auch die *bocio*-Figuren der Fon aus dem südlichen Benin und Togo ihre Besitzer vor möglichem Schaden bewahren und sie schützen. Im Gegensatz zu den großen Königs*bocio* handelte es sich bei Kraftfiguren der einfachen Leute um Schnitzereien, die in einem spitzen Pfahl endeten und in den Boden gerammt wurden. Wie alle Kraftfiguren mussten sie von religiösen Spezialisten durch das Anbringen oder Hinzufügen verschiedener Substanzen ermächtigt werden. Interessant ist ihre bewusste Anti- oder Gegenästhetik, denn die Objekte waren ungeschliffen und zeichneten sich durch ihre Rohheit aus. Ebenso konnten sie, einem Januskopf gleich, aus zwei asymmetrisch gestalteten Gesichtern bestehen, denen verschiedenste pflanzliche und tierische Materialen angeheftet wurden. Doppelte Augenpaare, aber auch der Schädel eines Hundes signalisierten besondere Wachsamkeit. Schlangenknochen suggerierten die Gefahr, die von ihrem Gift ausging. Es sind ‹wachsame Dinge›, die quasi als Lockvogel Schaden von ihren Besitzern abhielten.

Die spezifische Ästhetik und Konzeption von Kraftfiguren hat in fast allen Gattungen weitere Entsprechungen – in den Masken des *komo* oder den *batakari*, wie sie im Bamana genannt werden. Jenen apotropäischen Kleidungsstücken war ein narratives Element eingeschrieben, kommunizierten sie doch Status, Kraft und Erfolge ihrer Träger, meistens der Jäger. Vor allem ist es ihr assemblageartiger Charakter, die schiere Akkumulation von schützenden Substanzen wie Knochen und anderen Attributen, die eine als *nyama* bezeichnete Kraft potenzieren. Dabei handelt es sich um eine unsichtbare Kraft oder Energie, die bei jeder Handlung freigesetzt wird und gleichermaßen in belebten wie unbelebten Objekten lauert. Aus einer lokalen Perspektive sind Objekte ohne *nyama* leer und nicht funktionsfähig. Da es sich bei den Bamana-Gesellschaften in Mali um seit vielen Jahrhunderten islamisierte Gruppen handelt, überlagerte sich das Konzept von *nyama* mit der im Islam bekannten Segenskraft *baraka*. Sie wird als an bestimmte Personen, Orte oder Dinge gebunden vorgestellt und ist häufig mit sufischen Traditionen assoziiert.

Die Höfischen Künste

Dieses Kapitel ist der Beziehung zwischen Kunst und Herrschaft in west- und zentralafrikanischen Königreichen und Fürstentümern der Neuzeit gewidmet. Dazu zählen unter anderem die Reiche von Asante (Ghana), Benin (Nigeria) und Dahomey (Republik Benin) sowie die zentralistisch organisierten Staaten des Kameruner Graslandes, das Kongo-Königreich und das Kuba-Reich auf den Gebieten der heutigen Länder Angola, Demokratische Republik Kongo und Republik Kongo. Während dieser ‹Epoche› lebte im atlantischen Afrika mehr als die Hälfte der Bevölkerung in solchen formal organisierten Staaten, fast alle in der Zone des tropischen Regenwaldes gelegen. Es handelte sich um Gesellschaften mit zentralen politischen Autoritäten, die über eigene Verwaltungsapparate verfügten, aber auch durch regulative Instanzen wie Altersklassen und Maskengesellschaften kontrolliert wurden. Sie stützten sich nicht nur auf komplexe politische, soziale und ökonomische Organisationsweisen, sondern auch auf eine elaborierte Infrastruktur, etwa was Handelsrouten und Wegenetze anging, die die präkolonialen Städte mit den umliegenden Dörfern verbanden. Letztere maßgeblich nicht nur in der elementaren Versorgung der Zentren, sondern auch in der Bereitstellung von Rohstoffen und kreativer Arbeitskraft.

Zahlreich und avanciert waren und sind die Kunstformen an den teilweise bis in die Gegenwart bestehenden Höfen. Dazu zählten skulpturale Werke, vornehmlich der figürlichen Plastik, aber auch Textil- und Objektkünste sowie die Architektur einzelner Gebäude und ganzer Palast- und Stadtanlagen. Vor allem das Herrscherornat, Regalia wie Throne und Schirme, aber auch Insignien wie Sprecherstäbe, Trommeln, Prestige-Wedel und Zeremonial-Schwerte vermittelten den besonderen Status hochrangiger Würdenträger und glorifizierten den übermenschlichen Herrscher – den Asantehene von Kumasi, den Oba und die lyoba (Königinmutter) von Benin City oder den Nyim bei den Kuba. Jedes Amt hatte seine eigenen Embleme. Zoomorphe Bildelemente und tierische Materialien wie Leopardenfelle, Elefantenschwanzhaare oder Adlerfedern fungierten oft als Zeichen königlicher Macht, indem sie eine Verbindung zu den Eigenschaften gefährlicher und kraftvoller Tiere herstellten. Ähnlich komplex wie die Ikonografie höfischer Objekte war auch deren Materialsemantik. Als Werkstoffe waren sowohl einheimische wie auch importierte Materialien in Gebrauch. Im Königreich von Benin etwa genossen die Würdenträger ein Privileg auf Messing und Elfenbein sowie auf die aus dem Mittelmeergebiet importierten und daher raren und besonders kostbaren Korallen. Elemente des Herrscherornats wie geknüpfte Hauben, Kronen und Kragen wurden entsprechend aus Korallen und Achat gefertigt. Fast immer basierten königliche Kleidungsstücke auf den Prinzipien der Akkumulation und Opulenz, denn Gewicht und Volumen vermittelten politische Autorität, Reichtum und spirituellen Schutz. Meist brachte die Wahl des Materials eine Statusanzeige zum Ausdruck: Weniger wertvolle Metalle, aber auch Holz deuteten auf einen niedrigeren Rang hin; Textilien in besonders dichter Musterung und aus (importierter) Seide waren der Aristokratie vorbehalten.

Was diese Königtümer ebenfalls verband, waren ihre frühen Handelsallianzen mit Europa, zunächst Portugal, später mit niederländischen, französischen und britischen Agenten. Von den frühen Kontakten zeugen die afroportugiesischen Elfenbeinarbeiten wie Salzgefäße und feine Löffel, die Edo-Schnitzer im Auftrag der Portugiesen fertigten. Obgleich Glas- und Muschelperlen auch in verschiedenen Regionen Afrikas hergestellt wurden, waren nicht nur Textilien – als besonders einfach zu transportierende Handelsgüter –, sondern auch Glasperlen aus verschiedenen Manufakturen in Böhmen und Italien begehrte Tauschobjekte. Neben dieses vielschichtige transkontinentale und vergleichsweise gleichrangige Beziehungsgeflecht zwischen Afrika und Europa traten seit Mitte des 16. Jahrhunderts vermehrt und bald ausschließlich von ökonomischen Interessen und von Gewalt geprägte Kontakte. In dem mehr als dreihundert Jahre währenden transatlantischen Sklavenhandel zwischen Europa, Afrika und den Amerikas sind bis zu 18 Millionen Afrikanerinnen und Afrikaner verschleppt worden. Von dem Dreieckshandel profitierten die aufstrebenden Königreiche in Küstennähe, bis sie in eine in allen Bereichen gewaltvolle koloniale Herrschaftspraxis gezwungen wurden. Die Phase der militärischen Eroberung und Expansion bedeutete für die Königtümer immer massive Zerstörung, Vertreibung und Plünderung. Das betrifft die in frühen europäischen Berichten so bewunderte Asante-Stadt Kumasi, die 1874 von britischen Truppen abgebrannt und einige Jahrzehnte später erneut geplündert wurde, ebenso wie Benin (1897) und Abomey, das 1892 in einer französischen Militäraktion zerstört wurde. Als Kolonialmacht agierte Deutschland in Kamerun ähnlich gewaltsam: Es plünderte Schatzkammern und raubte Objekte. Zur gängigen kolonialen Praxis zählte auch die Exilierung der damals regierenden Könige und ihrer Familien. Erst Jahrzehnte später gestattete man ihnen die Rückkehr bzw. die Neubesetzung der Throne.

Kumasi: Der Goldene Hocker als Amtssymbol

Die präkoloniale Stadt Kumasi, im heutigen Ghana gelegen, war das politische und rituelle Zentrum der Asante. Mit der Reichsgründung sowie der Tributherrschaft über die Akan-Nachbargruppen um 1700 gelangten Künstlerinnen und Handwerker der unterworfenen Staaten an den Asante-Hof von Kumasi. Um die Stadt herum lagen die Dörfer spezialisierter Gewerke, darunter Weberei, Holzbildhauerei, Metallbearbeitung und Keramikproduktion. Auf dem Höhepunkt seiner Macht erstreckte sich das Asante-Reich etwa 640 km in nord-südlicher und 320 km in west-östlicher Richtung. Bis in die Gegenwart befinden sich der Palast sowie zahlreiche rituell bedeutsame Orte wie die Mausoleen verstorbener Herrscher in Kumasi, das nach der totalen Zerstörung durch kolonialbritische Truppen 1874 erst in den 1930er Jahren mit dem im Kakaoanbau erwirtschafteten Geld wieder aufgebaut wurde. Dem Gründungsmythos zufolge etablierte sich das Asante-Reich, als Okomfo Anokye den Goldenen Hocker vom Himmel empfing und dem ersten Asantehene Osei Tutu (Regierungszeit 1701–1717) übergab. Der mit Goldblech überzogene Hocker galt als Sitz der Seele von Asante. Dies bedeutet, dass das Artefakt nicht allein repräsentative Funktionen hatte, sondern ihm vielmehr ein eigenständiges Handlungspotenzial zur Legitimation des Souveräns und seiner Herrschaft zugesprochen wurde. Bis in die Gegenwart sind Hocker politische Embleme und rituelle Artefakte. In ihrer einfachsten rechteckigen Form mit der geschwungenen Sitzfläche waren sie aus einem einzigen Block Holz ohne Nuten geschnitzt und so in fast allen Akan-Haushalten anzutreffen. Die Hocker hochrangiger politischer Führer unterschieden sich durch die besondere emblematische Ausgestaltung des gewichtstragenden Mittelteils (Abb. 33). Die Motive – wie auch die Größe – eines Hockers galten als Indikatoren für den politischen Rang seines Besitzers. Dabei zeigte sich die Identifikation von ‹Stuhl› und ‹Stuhlinhaber› in den Worten, mit denen der Tod einer mächtigen Person paraphrasiert wurde: «Der Stuhl ist gefallen». Diese besondere Verknüpfung hatte auch mit der Vorstellung zu tun, wonach die Hocker über den langen Gebrauch etwas von der Essenz ihrer Besitzer und Besitzerinnen annähmen. Aus diesem Grund wurden die Hocker von Königen und anderer hochrangiger Würdenträgerinnen nach deren Tod rituell geweiht. Sie waren Ankerpunkte für ihre Seelen und man bewahrte die geschwärzten Hocker sämtlicher Amtsvorgänger in eigens dafür vorgesehenen Kammern auf. Die dunkle und dicke Patina war das Resultat jahrelanger Beopferung. Der goldene Hocker als wichtigstes Staatsemblem und Prestigeobjekt von Asante verlangte nach einem eigenen Stuhl, der von europäischen Prototypen inspiriert war. In der Sammlung des Detroit Art Instituts befindet sich die Miniaturversion eines solchen mit Messingnägeln überzogenen Stuhls. Der Kurator und Kunsthistoriker Nii Quarcoopome (2017) geht von einer rituellen Funktion dieses Artefaktes aus, der, einem Sockel gleich, wichtige Clan-Gegenstände präsentierte.

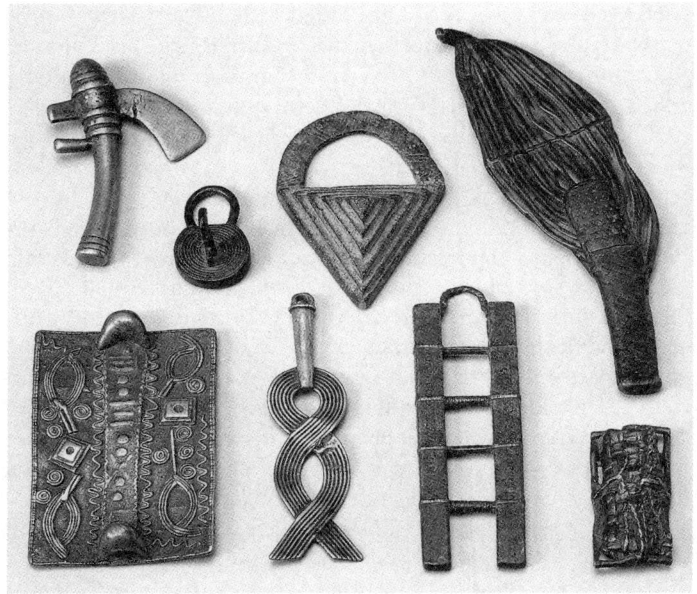

28 Dingminiaturen: gegenständliche Gewichte zum Abwiegen von Goldstaub, Akan, Ghana, 17.–19. Jahrhundert, Messing, 2–4 cm, Privatsammlung, London

Der Wohlstand des Asante-Reiches basierte auf dem Handel, vor allem dem Handel mit Gold, das aus den Minen südlich von Kumasi stammte. Als kostbares und äußerst beständiges Material war Gold nicht nur ein Handelsstoff, sondern eignete sich hervorragend, Wohlstand und Führungsautorität vorzuführen, weshalb seine Verwendung den gesellschaftlichen Eliten vorbehalten war. Technisch konnte Gold gegossen, zu Blechen verarbeitet oder in Form von Blattgold auf Holz angebracht werden. Eine unmittelbar mit dem Gold verbundene Kunstgattung waren die seit dem 15. Jahrhundert üblichen Gewichte zum Abwiegen des Goldstaubes, der bis ins 20. Jahrhundert Zahlungsmittel war. Die Gewichte selbst sind nicht aus Gold, sondern aus Messing und wurden in der Technik des Gusses in verlore-

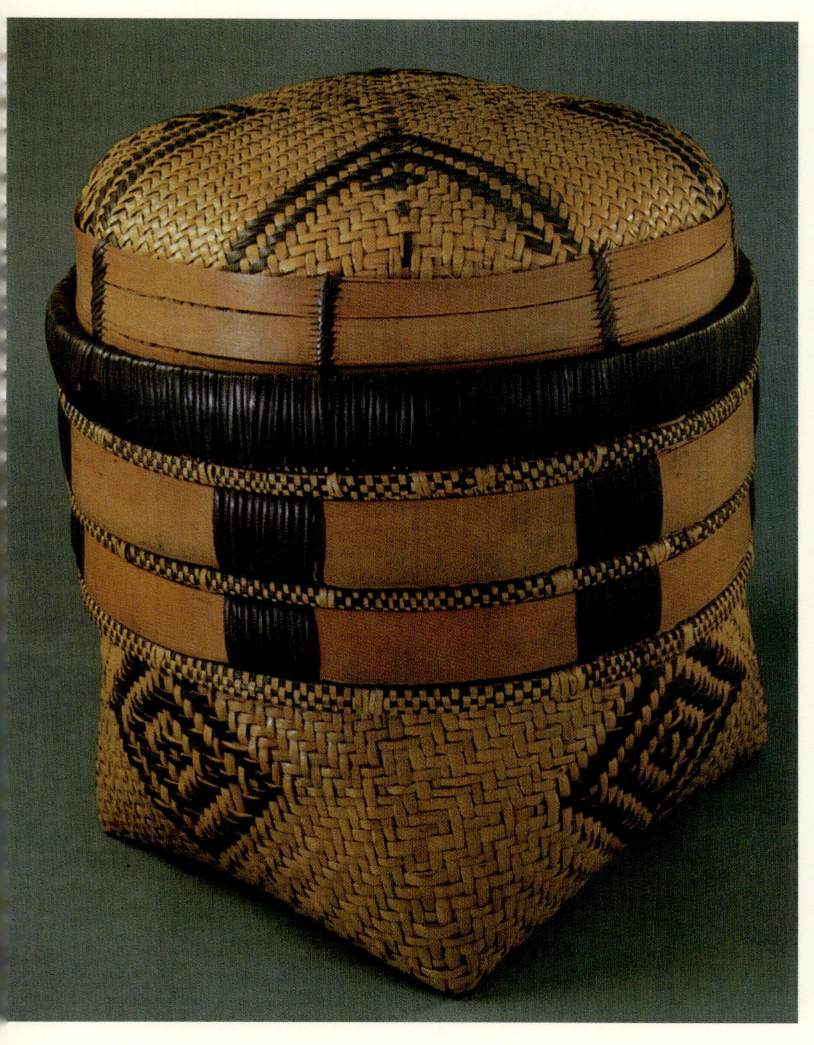

29 Geflochtener Korb mit Deckel einer Mbundu-Künstlerin, Angola, 1905–1911, gewebte Faser mit kreisförmigen Holzeinfassungen, Peabody Museum, Harvard University

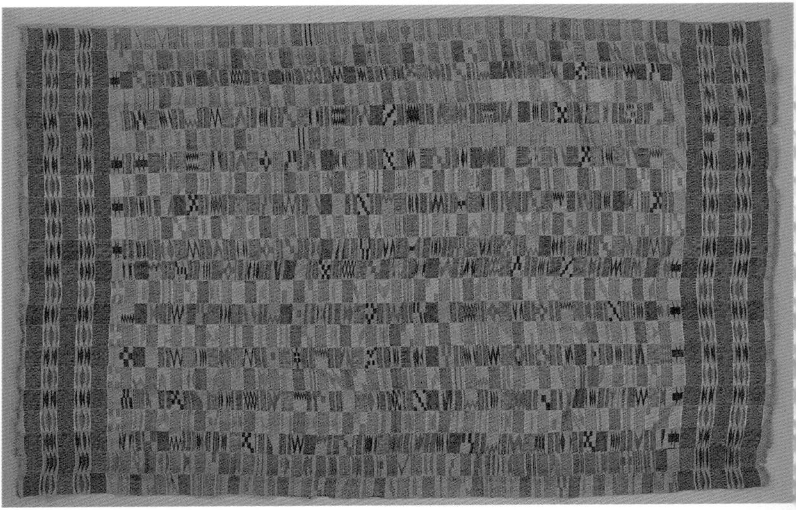

30 Seiden-*Kente*, frühes 20. Jahrhundert, Asante, Ghana, 175,3 x 279,4 cm, Metropolitan Museum, New York

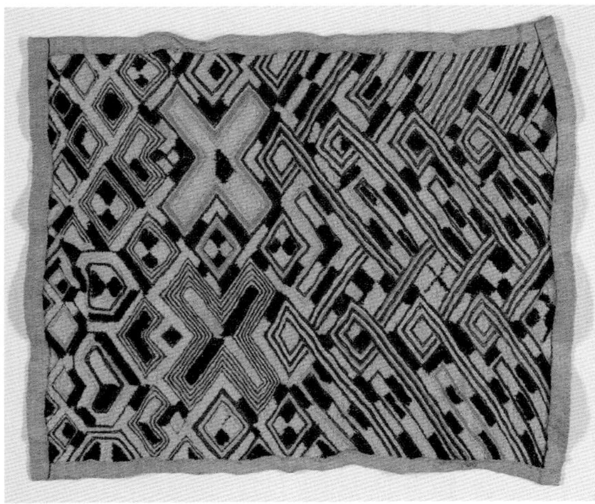

31 Raffia-Stoff, Kuba (DRK), Mitte 20. Jahrhundert, gefärbte Raffiafaser, 55,9 cm, Detroit Institute of Arts

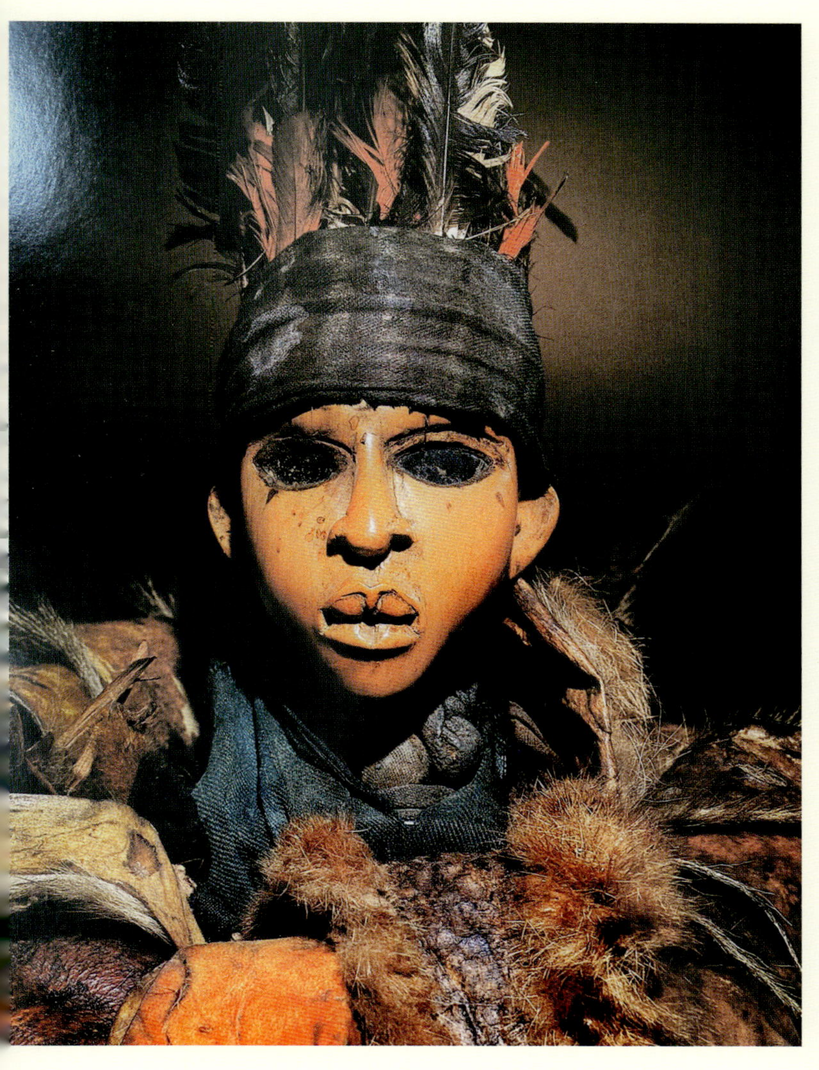

32 Kraftfigur (*nkisi nduda*), DRK, vor 1893, diverse Materialien, 45 cm, Museum Fünf Kontinente, München

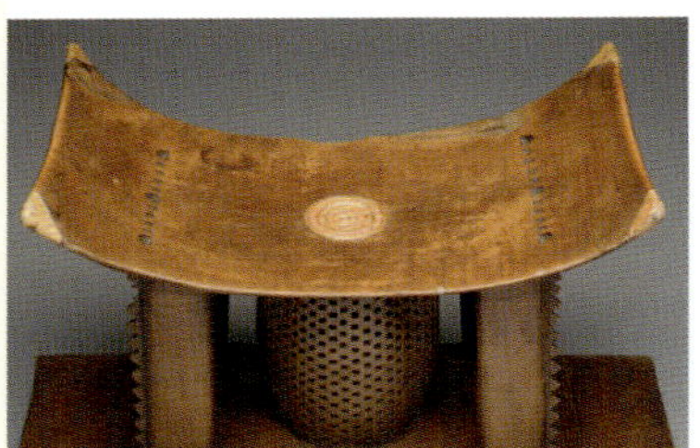

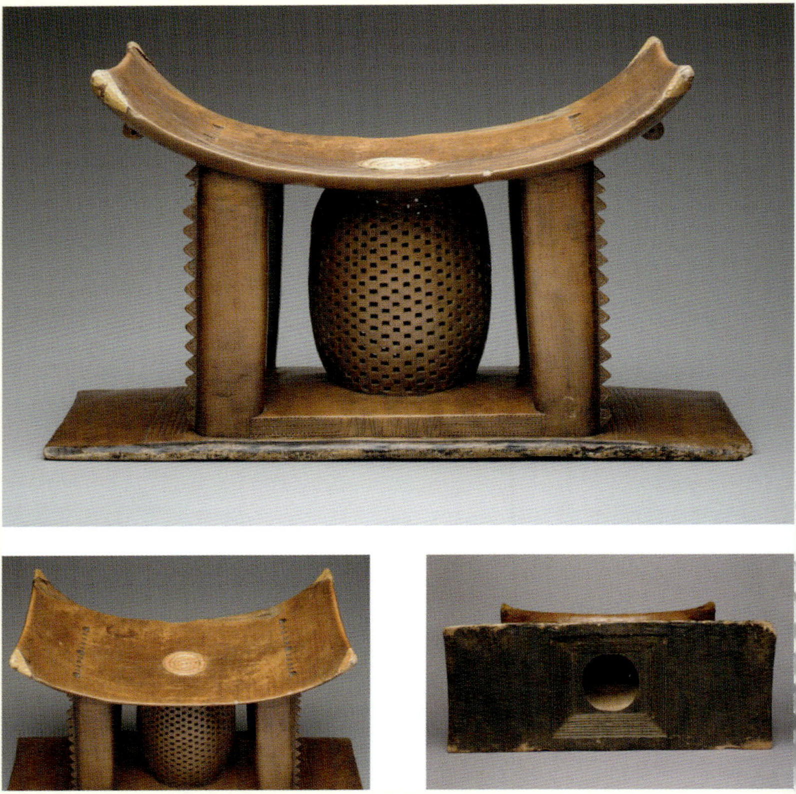

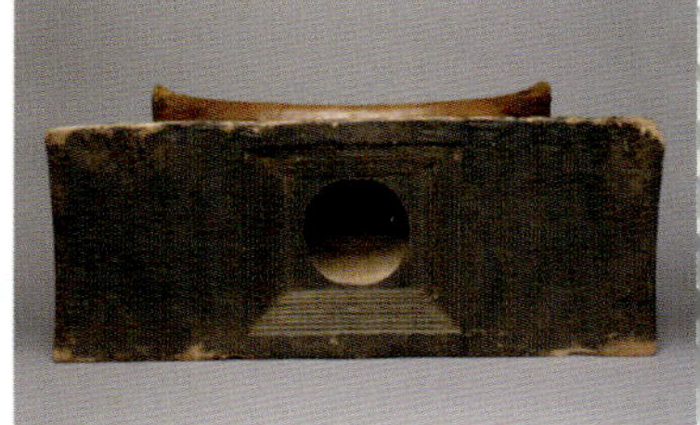

33 Zeremonialhocker Asante, frühes 20. Jahrhundert, Holz, Gold, Detroit Institute of Arts

ner Form gefertigt. Neben Naturabgüssen und Dingminiaturen existierten figurative und geometrische Formen (Abb. 28). Kwame Anthony Appiah zufolge fungierten sie aufgrund ihrer Vielfältigkeit und engen Verbindung zu Sprichwörtern als Gedächtnisstützen. Aus ihnen entstand ein visuelles Archiv der in Ghana hoch geschätzten rhetorischen Kultur, dem «Sprechen mit verdecktem Wortgesicht», so die wörtliche Übersetzung für Sprichwörter aus dem Twi. Insbesondere die geometrischen Varianten der Goldgewichte werden in der kunstgeschichtlichen Forschung als ein Beleg für die Kontakte mit islamisch geprägten Kulturen angesehen. Denn nicht nur die Eichung der Gewichte war teilweise an den mittelalterlichen islamischen Unzen orientiert, auch die abstrakte Geometrie verwies ins nördliche Afrika. Tatsächlich bildete das Territorium der Asante-Konföderation das Ende eines Handelsnetzwerkes, das über die Sahara bis nach Nordafrika reichte. Und wenngleich weder die Asante noch andere Akan-Gruppen zum Islam konvertiert waren, so haben sie doch Technologien, Formen und Stile aus nördlichen, islamisch geprägten Regionen übernommen und adaptiert. Dazu zählt wahrscheinlich auch die Technik des Gusses in verlorener Form selbst. Neben den schon erwähnten *nkuduo*-Gefäßen verweisen auch lederbezogene Amulette sowie apotropäische Kleidungsstücke auf Praktiken, die sowohl ‹islamisch› wie auch von lokalen, in Ghana anzutreffenden Vorstellungen geprägt waren. Ihre Wirkmächtigkeit entfaltete sich sowohl über die arabische Schrift und geometrische Zeichen wie auch nach dem Prinzip der Akkumulation. Komplette Gewänder, in deren Stoffbahnen sich Zahlen und Wörter unzählige Male wiederholen, sind aus dem Umfeld des Asante-Hofes bekannt. Während die meisten Amulette dem Blick entzogen um den Hals, die Hüfte oder eben auch an Kleider appliziert getragen wurden, entfaltete sich hier die schützende Wirkung in aller Öffentlichkeit (Abb. 34).

Gold schimmerndes Gelb ist auch die Farbe, welche die *kente*-Stoffe von hohen Amtsträgern dominierte. Jene Textilien werden bis in die Gegenwart im einige Kilometer nördlich von Kumasi gelegenen Bonwire ausschließlich von Männern auf

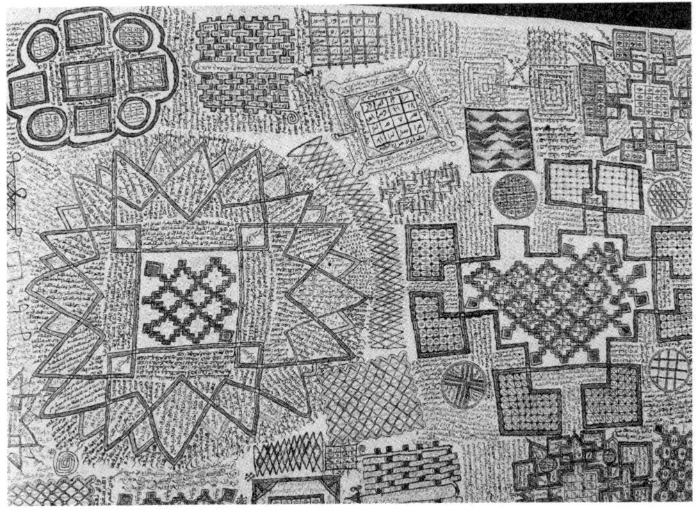

34 Talismanisches Textil aus dem nördlichen Ghana, 1972, Baumwolle, Pigmente, 337,50 x 162 cm, Fowler Museum, UCLA

Schmalbandwebstühlen hergestellt. Um ein größeres Tuch etwa für das togaähnliche Männergewand zu erhalten, müssen die einzelnen nur acht bis zehn Zentimeter breiten Stoffbahnen zusammengenäht werden. Verwendete man anfangs nur ungefärbte oder mit lokalem Indigo blau durchdrungene Baumwolle, so brachte der Handel über die Shararouten weitere Farben und Materialien. Aus den Fäden aufgetrennter Seidenstoffe aus Europa gewann man ab dem 18. Jahrhundert Seide, ein Material, das ebenso wie manche Muster den Herrschenden vorbehalten war. *Sika futuru*, übersetzt «Goldstaub», ist der Name für einen sehr fein gewebten Stoff, auf dessen komplexe Musterung der Kettfäden zusätzliche Motive oder farbige Segmente mit Hilfe eines zweiten Litzen-Paares aufgebracht wurden (siehe Abb. 22). Variation und Wiederholung der Muster sind die zentralen ästhetischen Grundlagen jener für die Bewegung konzipierten Textilien. Erst darin entfaltet sich der Effekt ihres dichten – und von intensiver Farbigkeit geprägten –

Designs. Diese Webtechnik wurde bis in die Gegenwart tradiert und dabei in ihrer Anwendung variiert und erweitert. Man findet sie heute beispielsweise in der Kombination von *kente*-Mustern und aufgedruckten *adinkra*-Motiven. Zeitgenössische Künstler wie Atta Kwami beziehen sich auf die Ästhetik der *kente*; in seinen Kiosk-Skulpturen ist diese mit der (US-amerikanischen) Farbfeldmalerei verschmolzen.

Verbindungen zwischen den visuellen und den verbalen Künsten

Sowohl das Asante-Königtum wie auch die anderen Akan-Reiche zeichneten sich durch ein ausgeklügeltes hierarchisches System politischer und ritueller Ämter aus. Entsprechend differenziert war die künstlerische Produktion von Herrschaftsinsignien, die von individuellen Künstlern alleine oder in der Zusammenarbeit verschiedener Gewerke gefertigt wurden. Ihr Korpus umfasste eine Vielfalt von Objektkategorien und Materialien: geschnitzte Hocker und Stühle, *kente*- und *adinkra*-Stoffe, Regalia wie Schwerter, Wedel und Schirme, deren permanente Rotation während öffentlicher Prozessionen nicht nur für Kühle, sondern auch im übertragenen Sinne für das Herrscher-Ideal von Gelassenheit und Nicht-Erregbarkeit standen. Weitere Insignien wie Trommeln oder mit Blattgold belegte Sprecherstäbe veranschaulichten den Status der Herrschenden als Garanten politischer und räumlicher Ordnung und übersetzten vorherrschende Konzepte von Royalität in ein visuelles Vokabular. Was viele dieser Artefakte einte, war ihr narrativer und kommunikativer Charakter, waren sie doch Teil eines komplexen visuell-verbalen Systems von verbildlichten Redensarten. In ihnen manifestierte sich nicht nur ein reiches ökologisches Wissen über Pflanzen und Tiere, sondern auch ein umfangreiches Repertoire an so vielsagenden wie mehrdeutigen Sprichwörtern. Herbert Cole und Doran Ross (1977) prägten für diese besondere Verbindung zwischen den visuellen und verbalen Künsten den Begriff des visuell-verbalen Nexus. Nach diesem Prinzip ruft beispielsweise die Darstellung einer Leiter die Ein-

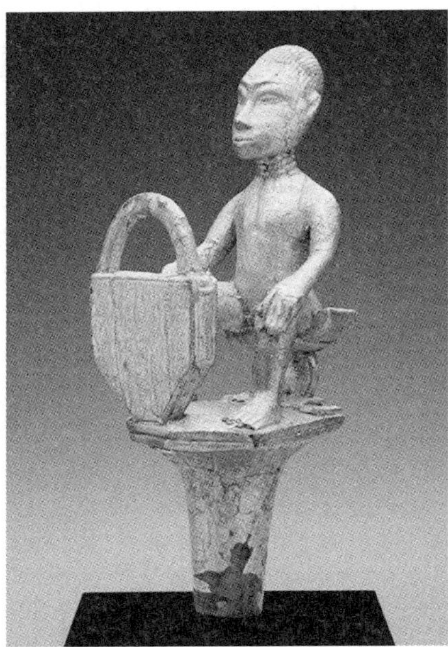

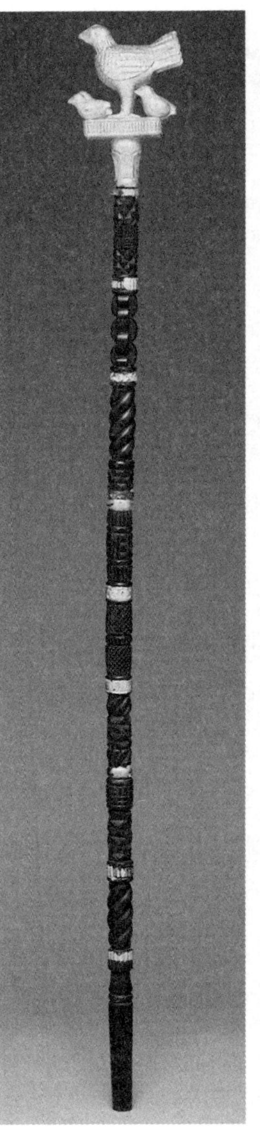

35 Sprecherstäbe der Asante, Ghana, 20. Jahrhundert, Holz, Pigmente, Goldfolie, und Detail eines anderen Sprecherstabes, beide Detroit Institute of Arts

sicht der Sterblichkeit ins Gedächtnis: «jeder erklimmt die Leiter des Todes». Es sind kaum Artefakte bekannt, die keine sprichwörtlichen Bezüge enthalten. Insbesondere im höfischen Kontext, wo sich mit dem Amt des Sprechers die besondere Wertschätzung rhetorischen Könnens offenbarte, war der metaphorische Gebrauch natürlicher und abstrakter Motive auf den Objekten von großer kommunikativer Bedeutung. Königliche Sprecher waren nicht nur Berater der Herrschenden, sie waren auch Bewahrer der mündlichen Überlieferungen sowie ihre Interpreten und mussten dementsprechend rituell und historisch versiert sein. Zeichen ihres Amtes waren die Sprecherstäbe, die typischerweise aus einem langen, geschnitzten und für Reisen leicht zerlegbaren Holzstiel bestanden. An dessen Spitze befand sich eine abnehmbare, meist figürlich gestaltete Haube. Beide Elemente waren bemalt oder mit feinem Blattgold bezogen (Abb. 35). Neben den Sprecherstäben und anderen Regalia ist der visuell-verbale Nexus besonders in den aus purem Gold gegossenen königlichen Ringen (*kawa*) evident. Als Attribute der Macht und Teil der zeremoniellen Kleidung wurden die schweren Ringe ostentativ an mehreren Fingern getragen. Ihre Motive, die der Tier- und Pflanzenwelt entstammten oder kleinere Figurengruppen in Szene setzten, sind als die nonverbale Artikulation idealer Herrschereigenschaften aufzufassen. Ein sternförmiger Ring aus der Sammlung des Detroit Art Institutes wird als Kokon eines Insektes identifiziert, dessen Form seine Funktion camoufliert und damit signalisiert, dass der Träger nicht leicht zu erkennen sei. Ein Skorpionring mit einem kräftigen Stachel betont nicht nur die Wehrhaftigkeit des Tieres, sondern auch dessen Kraft sowie die besonders unkonventionellen Kampfarsenale des Herrschers. Solche metaphorischen Tierdarstellungen – Darstellungen von Tieren, die andere Tiere verzehren – waren wirksame Mittel, um die politische Autorität zu verdeutlichen.

Beninobjekte als Kunstwerke und rituelles Inventar

Das Königreich Benin im heutigen Südwestnigeria ist das älteste der großen westafrikanischen Reiche der Neuzeit. Historischen Überlieferungen zufolge löste es die erste Dynastie der Ogiso ab, als diese den Oni von Ife baten, einen neuen Herrscher zu senden. Seitdem gilt Eweka, Sohn des aus Ife stammende Prinzen Orànmiyàn, als Begründer des Königtums Benin im 13. Jahrhundert. Auf ihn beziehen sich explizit alle der bis heute inthronisierten Herrscher einer Dynastie, die nur durch das von den

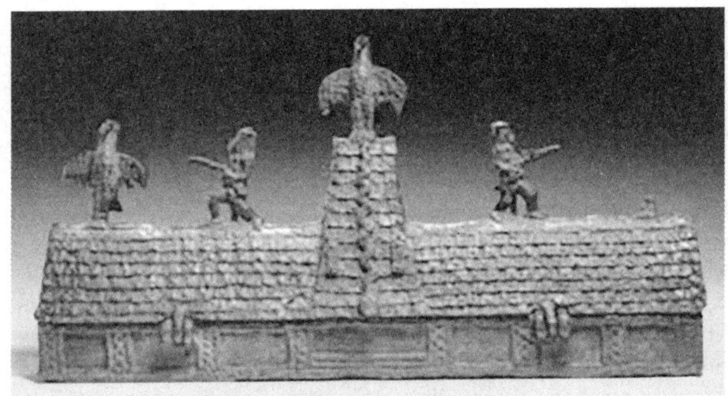

36 Behältnis in Form eines Palastgebäudes, Königtum Benin, Nigeria, 17./18. Jahrhundert, Gelbguss, 32 x 61 cm, NCMM, Nigeria

Briten erzwungene Interregnum zwischen 1897 und 1914 unterbrochen wurde. Unter Oba Ewuare und bis zur Amtszeit von Oba Ehengbuda erreichte Benin im 15. und 16. Jahrhundert den Höhepunkt seiner Macht, wovon auch die zahlreichen ausschließlich für den Hof tätigen Kunst- und Handwerksgilden profitierten – darunter Metallgießer, Elfenbeinschnitzer, Schmiede, Weber, Töpferinnen oder Perlen- und Lederbearbeiter. Bis in die Gegenwart ist Benin City in der heutigen Edo-Provinz Hauptstadt des gleichnamigen Königreiches. Ähnlich wie die Zentren anderer großer Reiche muss auch das präkoloniale Benin eine Stadt mit imposanten und weitläufigen Palastanlagen gewesen sein. Eine Ansicht, die der niederländische Geograf Olfert Dapper in seinem Werk *Umständliche und eigentliche Beschreibung von Africa* (1668) teilte, folgt darstellungstechnisch zwar westlichen Konventionen. Die Wiedergabe markanter architektonischer Details – etwa die den Palastbezirk umgebende Mauer und ein Gebäude mit Turm und Vogelfigur – war exakt. Sie hat ihre Entsprechung in einem aufklappbaren Behältnis, das als Architekturminiatur einem Palastgebäude nachempfunden ist (Abb. 36). Gut erkennbar ist das schindelgedeckte Dach mit einem von einem Vogel mit ausgebreiteten Schwingen gekrönten Turm, von dem sich eine überdimensionierte Schlange hinunterringelt. Auf dem Dachfirst zielen zwei portugiesische Soldaten auf die (Schicksals-)Vögel. Joseph Nevadomsky (2007) zufolge handelt es sich um eine metaphorische Szene, die an einen wichtigen Sieg Oba Esigies über seinen Rivalen im Idah-Krieg erinnert und zugleich die Botschaft übermittelt, dass der König mächtiger sei als das Orakel. Eine Reliefplatte aus dem 16. oder 17. Jahrhundert veranschaulicht ebenso architektonische Einzelheiten, wobei sich die Forschung unsicher ist, ob es sich um den Eingang zu einem Palast oder um die Abbildung eines Schreines handelt. Für Letzteres sprächen die beiden Leoparden am Eingang, zählten Leopardenplastiken oder -aquamanile doch zur gängigen Altarausstattung. Die paarweise links und rechts neben dem ‹Eingang› stehenden Männer sind durch Schilde und Keulen als Wächter, durch die detailliert nachgeahmten Korallenkrägen und den Achat-Haarschmuck als Würdenträger ausgezeichnet. Mündliche Überlieferungen bringen die Einführung der aus einer Zink-Messing-Legierung gegossenen Reliefplatte mit der Amtszeit Oba Esigies Anfang des 16. Jahrhunderts in Verbindung. Vermutlich waren die Säulen der Atriumhöfe im Palast damit verkleidet, was durch den polierten Glanz der Stücke den Effekt eines denkbar großen Kontrastes zu den matten Lehmwänden gehabt haben muss. Über die Anordnung war lange Zeit wenig bekannt, allein das Vorhandensein von Paaren sprach für symmetrisch oder zumindest aufeinander bezogene Hängungen. Weiter existieren mehr als tausend – auch als Bronzereliefs – bekannte Platten, wobei nur wenige konkrete und auch mündlich überlieferte historische Begebenheiten in ihren Darstellungen thematisiert werden. Die Mehrzahl bildete höfische Szenen ab. Darunter finden sich die aus allen Materialien und Gattungen sowie öffentlichen Auftritten bekannten Triaden-Darstellungen. Darunter versteht man den von zwei Helfern flankierten Oba – eine Geste, die darauf verweist, dass der König bei seiner Amtsausübung auf die Unterstützung seiner Untertanen angewiesen war. Weitere Reliefplatten und einige freiplastische Darstellungen nahmen direkt Bezug auf portugiesische Händler und Soldaten. Wahrscheinlich dienten jene Repräsentationen der Untermauerung des Prestiges der Oba, deren Verfügungsgewalt sich selbst auf die in Benin nicht heimischen Europäer bezog. Unschwer waren diese an ihren breitkrempigen Hüten, den Bärten und ihren faltenreichen Waffenröcken, aber auch an Schusswaffen und Manillas identifizierbar. Jene hufeisenförmigen Geldringe avancierten zum Symbol des Überseehandels und entstammten unter anderem Handelsnetzwerken um Augsburg und Nürnberg. Über den Hafen von Antwerpen wurden sie ausgeführt und von meist portugiesischen Händlern gegen Elfenbein, Pfeffer und versklavte Menschen getauscht. In Benin dienten sie neben Metallgegenständen aus anderen Regionen als Rohmaterial für Ahnenporträts, Reliefplatten, Altarstücke und Amtsinsignien. Wegen der Luxusgüter, welche die Portugiesen über das Meer brachten, integrierte man sie ikonografisch in die einheimische spirituelle Welt und assoziierte sie mit dem Meeresgott Olokun, Sinnbild für Wohlstand und Fruchtbarkeit, dessen Symbol der Schlammfisch und das Flussblatt-Motiv war.

In den Reliefplatten bildete sich die komplexe Herrschaftsstruktur des präkolonialen Benin-Reiches mit seinem fein differenzierten System aus Palastgesellschaften und ihnen unterstehenden Würdenträgern und Gilden ab. Anhand des präzise wiedergegebenen Kleidungsstils und spezifischer Attribute und Symbole war ihre (jeweilige) Funktion im Hofgefüge ablesbar, ohne individualistisch zu sein; die Reliefplatten wie auch andere im Palast aufbewahrte Objekte speicherten gewissermaßen die Embleme vergangener Generationen und waren Teil eines «rituellen Inventars», wie es Barbara Plankensteiner (2007) zusammenfasste. Paula Ben-Amos (1999) folgend, bedeutet bezeichnenderweise auf Edo ‹sich erinnern› (*sa-e-y-ama*) wörtlich «ein Motiv in Bronze gießen». Somit brachte der Gießvorgang gleichsam die Geschichte zum Erstarren; das robuste Material verkörperte Dauerhaftigkeit und entsprechend wurde der Werkstoff Bronze (ähnlich wie das Gold im Asante-Reich) mit dem Fortbestand des Königtums assoziiert. Das Material wurde bevorzugt für die Herstellung der königlichen Insignien und der symbolischen Ausgestaltung des Palastes verwendet. Wenngleich die gegossenen Gedenkköpfe und rechteckigen Reliefplatten die Wahrnehmung der Beninkünste dominieren, ist ihr Korpus doch weitaus vielfältiger und umfasst eine größere Anzahl von Objektkategorien, die in den unterschiedlichsten Materialien ausgeführt wurden. Dazu zählen Anhänger, Schmuckstücke, Prestigegefäße und Ritualgeräte, sogenannte Schreine der Hand, die individuelle Leistungen würdigten, Musikinstrumente und vieles mehr. In ihrer Detailhaftigkeit und Präzision repräsentieren sie das materielle Archiv der in Benin gebrauchten Gegenstände, allerdings eines, dessen Prototypen größtenteils außer Reichweite gelangten.

Die Kunsthistorikerin Barbara Blackmun (2007) geht davon aus, dass die Reliefplatten bereits Anfang des 17. Jahrhunderts von den Pfeilern des Palastes abmontiert wurden und ihre Erinnerungsfunktion ab dem 18. Jahrhundert von den rundum beschnitzten Olifanten übernommen wurde. Elfenbeinstoßzähne standen wegen ihrer weißen Farbe nicht nur für rituelle Reinheit und Spiritualität, ihre Verwendung durfte wegen der Kostbarkeit des Materials ausschließlich im höfischen Gefüge und mit Erlaubnis der jeweiligen Oba erfolgen. Die großen und dicht beschnitzten Olifanten setzten die Eigenschaften früherer Regime in Szene; ihre zentralen Figuren und Embleme waren stets in einer vertikalen Linie übereinander abgebildet. Auf die Bearbeitung von Elfenbein spezialisierte Werkstätten fertigten nicht nur Olifanten, sondern auch Türpfosten und Palasttüren, Schmuckanhänger und auch die Anhängermaske der Königinmutter Idia, welche während wichtiger Zeremonien angelegt wurde. Während des FESTAC (World Festival of Black Arts and Culture) in Nigeria (1977) avancierte sie nicht nur zu dem von Erhabor Emokpae geschaffenen Festivalemblem, sondern auch zu einem zentralen Kunstobjekt und Kulturgut, in dem zugleich alle vorgängigen und (rückblickend betrachtet) alle zukünftigen Rückgabeforderungen kulminierten (Abb. 39). Leihanfragen seitens Nigerias an das britische Außenministerium und das British Museum waren abgelehnt worden. Die knapp 25 cm große originäre Maske aus dem 16. Jahrhundert zeichnet ein feines Porträt von Idia, deren Haare von einem Schmuckreif aus stilisierten Portugiesen-Köpfen mit Hüten und langen Bärten gehalten werden; die Halskrause besteht aus einem durchbrochen geschnitzten Flechtbandmuster. Wie fast alle Elfenbeinarbeiten trägt auch dieses Objekt Spuren von Metallintarsien – in den Augen sowie an der Stirn, wo sich zwei vertikale balkenförmige Metalleinlagen befanden, womöglich um Medizinen aufzunehmen. So gesehen waren die insgesamt vier Anhänger nicht allein Kunstwerke, Schmuck oder Statussymbol, sondern auch Gegenstände mit apotropäischer Wirkung.

Gedenkköpfe und Schreine als materielle und symbolische Assemblagen

Der Kunstwissenschaftler Charles Gore (2012) unterstreicht, dass es sich bei den Benin-Objekten trotz des abbildhaften Charakters immer auch um konzeptuelle Kunst handelte – geschaffen für Altäre und die mit ihnen verknüpften Artefakte (Abb. 40). In ihnen und besonders in den materiellen und symbolischen Assemblagen, die Schreine und Altäre darstellen, manifestierte sich die Wechselbeziehung zwischen der physischen Welt und der spirituellen Sphäre. Bis in die Gegenwart befinden sich bestimmte spirituelle Entitäten oder den Ahnen geweihte Schreine sowohl in der Stadt Benin wie auch in den davon abgegrenzten Palastbezirken. Beschnitzte Elefantenstoßzähne – freistehend oder in die Gedenkköpfe aus Gelbguss eingestellt – waren integraler Bestandteil von Schreinen, mit denen der amtierende Oba seine Vorfahren ehrte, die eigene Legitimität von ihnen ableitete und somit in der spirituellen Sphäre verankerte. Zentral für diese Praxis ist die Vorstellung, wonach die Ahnen weiterhin Einfluss auf das Leben im Diesseits nehmen. Die Schreine reflektieren diese dialektischen und unauflösbaren Verbindungen zwischen diesseitiger und jenseitiger Welt. Gedenkköpfe für verstorbene Könige, und seit Einführung des Amtes der Königinmutter (Iyoba) unter Esigie auch von Würdenträgerinnen, stellten die wichtigsten Elemente auf den Schreinen dar. Wahrscheinlich gehörten sie zu den ersten aus Metall gegossenen

Stücken und ersetzten ältere aus Terrakotta geformte Porträts. Da es sich bei den Köpfen nicht um individualisierte, sondern um zwar naturalistische, aber stark stilisierte Darstellungen mit den für die Herrscherinnen und Herrscher archetypischen Insignien handelte, erschloss sich die Affinität eines Schreines allein aus der Gesamtheit der darin versammelten Objekte – neben den Gedenkköpfen fanden Leopardenplastiken, Altargruppen, mehrere Glocken aus Metall sowie Pflanzenhalmen nachempfundene Rasselstäbe aus Holz (*ukhure*) Aufstellung auf den halbrunden Lehm-Plattformen. Solche öffentlichen Altäre oder Schreine waren umso wichtiger, da das Amt des obersten politischen Herrschers mit dem des wichtigsten Priesters zusammenfiel. Der Altar für Oba Ovonramwen (1888–1897) erfüllte damit nicht nur rituelle Anforderungen, sondern diente auch dazu, bestimmte soziale und politische Konstellationen sichtbar zu machen (Abb. 40). Die symmetrische Anordnung der Ritualgegenstände strukturiert das Gesamtbild des Altars, in dem sich rituelle Verehrung, kollektive Erinnerung und politische Legitimation in einer sichtbaren und öffentlichen Darstellung verdichten. Gedenkköpfe für die Königinmutter waren klar erkennbar an ihrer hohen, konisch zulaufenden und mit einem Gitter aus Korallenperlen überzogenen Frisur.

William Fagg versuchte, die Gedenkköpfe anhand stilistischer Kriterien in eine zeitliche Abfolge von insgesamt drei Epochen zu bringen: Köpfe der Frühzeit (bis etwa 1500) seien durchwegs dünnwandiger und etwas kleiner gewesen. Mit Beginn der mittleren Periode im 16. Jahrhundert wurden sie dickwandiger und größer. Der für die Frühzeit noch typische «idealisierende Naturalismus» trat zurück und machte diversen Stilisierungen Platz; Korallen-Halskrägen wurden bis über das Kinn hochgezogen. Die Gesichter wirkten dadurch eigentümlich eingerahmt und ihre Plastizität nahm ab. Diese steif wirkende Formung hielt sich auch in den Köpfen der Spätzeit ab dem 18. Jahrhundert. Hinzu kam eine starke Formalisierung der Gesichter und die Köpfe erhielten als Basis eine Plinthe – einen flachen Untersatz, auf dem reliefartig einzelne Symbole und königliche Embleme angeordnet waren. Die Wandstärke der Gedenkköpfe nahm kontinuierlich zu.

Die kunstwissenschaftliche Forschung ist sich allerdings bis heute nicht einig, ob es sich bei den Bronzeköpfen der Frühzeit tatsächlich um Gedenkköpfe handelte oder aber um Trophäenköpfe von Feinden. In Benin selbst waren und sind die Gedenkköpfe, ebenso wie andere Werke, Teil eines lokalen Diskurses, der ihre polyvalente Bedeutung stetig neu verhandelt. Wie Plankensteiner schreibt, wurden so assoziative Diskurse zu Objekten gepflegt – die zu einem großen Teil in Nigeria seit Ende des 19. Jahrhunderts physisch nicht mehr zugänglich sind. Mündliche Überlieferungen waren durch die Abwesenheit eines Großteils der Werke fragiler geworden – wobei Erinnerungen, einschließlich derer, die die gewaltvollen Ereignisse von 1897 festhielten, auch in Liedern und performativ weitergegeben wurden.

Am 18. Februar 1897, fünf Jahre, nachdem der damalig regierende Oba unter massivem Druck einen sogenannten ‹Schutzvertrag› mit den Briten unterzeichnet und die Region damit faktisch der britischen Gerichtsbarkeit unterworfen hatte, nahmen koloniale Truppen die Edo-Hauptstadt gewaltsam in Besitz und plünderten die Palastanlagen (Abb. 37). Mehrere Tausend Objekte – die genaue Zahl lässt sich heute nicht mehr exakt ermitteln – wurden als Kriegsbeute nach London verschifft und teils, um die Militäraktion zu finanzieren, veräußert. Infolge der Invasion, aber auch durch einen unmittelbar danach einsetzenden Handel mit den in Benin-Stadt und Umgebung verbliebenen Objekten gelangten Hunderte weiterer Werke in europäische und etwas später nordamerikanische Museen und Sammlungen. Aktuell wird die Anzahl der dort befindlichen Werke mit zwischen 2400 bis 4000 angegeben, wobei andere Quellen von weitaus mehr Stücken ausgehen. Zu einem geringeren Teil nahmen auch kolonialbritische und nach der Unabhängigkeit Nigerias 1960 unter Aufsicht der Nationalen Kommission für Museen und Denkmäler stehende Museen Beninobjekte auf; diese entstammten archäologischen Ausgrabungen oder ersten singulären Rückführungen (Eyo 1977). Nach siebzehnjährigem Interregnum erlaubten die Briten 1914 die Wiedereinsetzung eines Obas. Eweka II. initiierte nicht nur die Produktion von Repliken, es entstanden auch weiterhin Gusswerke, die an die

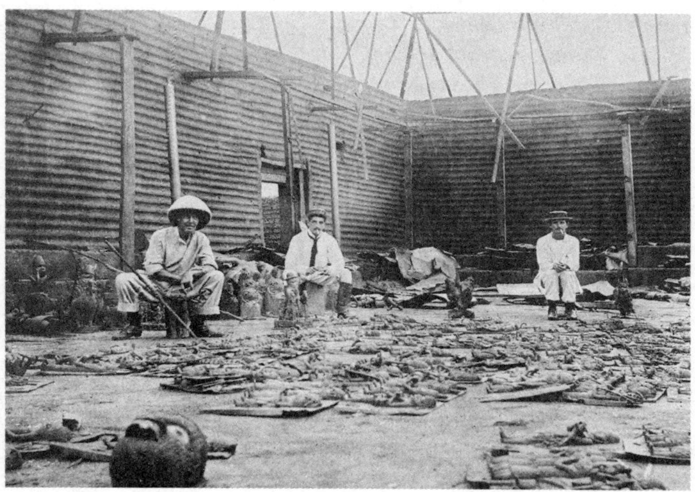

37 Plünderung der Bronze- und Reliefarbeiten durch britische Soldaten nach dem Brand des Palastes in Benin 1897

frühere Erinnerungsfunktion von Reliefplatten anknüpften. Solche Werke stellten zwar stilistische Neuschöpfungen dar, griffen aber auf oral tradierte Wissensbestände oder die Aufzeichnungen von Lokalhistorikern wie Jacob Egharevba zurück. Das fehlende (materielle) kulturelle Erbe war schon früh Anlass von Restitutionsforderungen. 1938 reagierten die Briten mit der Rückgabe von Koralleninsignien; in Deutschland versperrte man sich der Nachfrage von Akenzua II. zwei Thronhocker aus dem Berliner Ethnologischen Museum zurückzugeben insofern, als man nur eine Nachbildung anbot.

Neben Justus Brinckmann, Gründungsdirektor des Hamburger Museums für Kunst und Gewerbe – der drei Bronzen zu Lehrzwecken erwarb –, zählten vor allem die Kustoden der ethnologischen Museen zu den ersten Abnehmern. Insbesondere Felix von Luschan, Anthropologe und Kurator am Berliner Museum für Völkerkunde – und eine ambivalente Forscherpersönlichkeit –, erkannte den kunsthistorischen Wert und ließ nicht nur in London, sondern über Mittelsmänner auch in

Nigeria aufkaufen, was zur Verfügung stand. Zahlreiche Beninobjekte kamen auch über den Hamburger Hafen und das dort sowie in Nigeria ansässige Handelshaus Heinrich Bey & Co. 1919 erschien Luschans dreibändiges Werk *Die Altertümer von Benin* (1919). In dieser Publikation erkannte er die technische Vollendung und die besondere Kunstfertigkeit der Arbeiten als originär ‹afrikanisch› an. Das stellte eine absolute Neuerung gegenüber dem bislang geltenden westlichen Verständnis dar, wonach ästhetisch herausragende oder technisch versierte Objektgruppen nur mit einem Ursprung außerhalb Afrikas in Verbindung gebracht wurden. Andererseits ignorierte er ihre lokale Bedeutung, die zwar ästhetisch konturiert war, vornehmlich aber in ihrer mnemotechnischen Funktion begründet lag. Insbesondere die Messing-Reliefplatten, die Ahnenporträts sowie die beschnitzten Olifanten dienten nicht nur der Glorifizierung des Oba und der Affirmation seiner Macht; sie waren vielmehr auch historische Dokumente und Hilfsmittel in der Rekonstruktion der eigenen Geschichte und damit identitätsstiftend.

Gedenkfiguren und Objektkunst in Mushenge

Das Kuba-Königreich etablierte sich im frühen 17. Jahrhundert im Süden der heutigen zentralen Demokratischen Republik Kongo in einem flussreichen Gebiet. Schon im 16. Jahrhundert waren Bevölkerungsgruppen aus dem Norden in das Areal im Waldgürtel eingewandert und hatten die dort ansässige Vorbevölkerung assimiliert. Ab dem 18. und vor allem 19. Jahrhundert beherrschten die Kuba-Könige ein Territorium von beachtlicher Größe. Es handelte sich um ein multiethnisches Reich, das von der Gruppe der Bushoong zahlenmäßig und politisch dominiert wurde. Die eigentliche Reichsgründung erfolgte unter Shyaam aMbul aNgoong, dem als Kulturheroen die Erfindung und Einführung neuer Kunstformen zugeschrieben werden, so etwa die Holzbearbeitung, einige Regalia sowie der Grundriss der Kuba-Hauptstadt Mushenge. In dem rechtwinklig-linearen Siedlungsplan mit unterschiedlichen Sektionen und offenen Höfen sowie den separaten Bezirken der Aristokratie bildete

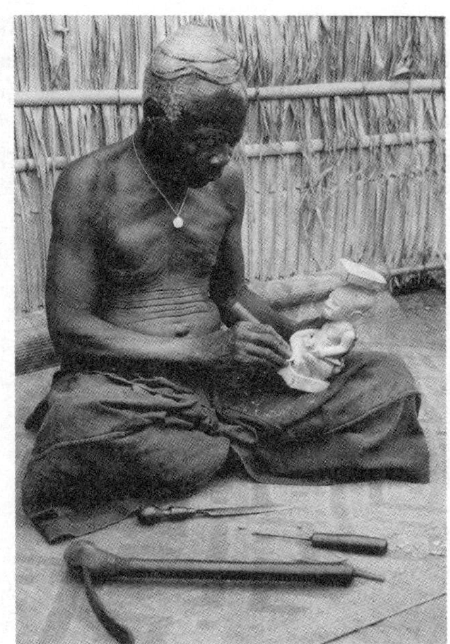

38 Die Aufnahme des amerikanischen Fotografen Eliot Elisofon zeigt einen namentlich unbekannten Bildhauer beim Fertigen einer *ndop*-Figur, DRK, 1972

sich die komplexe und kompetitive politische Struktur direkt ab. Die einzelnen Gebäude entstanden über einem rechteckigen Grundriss, hatten Satteldächer und Giebelwände; die Baumaterialien stammten von der Raffia-Palme. Ähnlich den Oberflächen von Prestigeobjekten und analog zu manchen Textilien waren die Wände aus Palmrippen mit aufwendigen geometrischen Musterungen verziert. In der Residenzstadt Mushenge hielten sich nicht nur die besten Kunsthandwerkerinnen und Kunsthandwerker auf; es war auch der Ort, an dem alle wichtigen und oft von Maskenauftritten begleiteten höfischen Zeremonien stattfanden.

Zur Ausstattung des Königs gehörte ein bis zu neunzig Kilo schweres Ornat, das die unterschiedlichsten Elemente wie etwa mehrere Schichten von Raffia-Röcken, Perlen und Kaurischnecken, Tierfelle und Adlerfedern einschloss. Damit wird weniger die Individualität des Herrschers als eine Verkörperung des

Königtums an sich markiert, wozu die Opulenz der Erscheinung wesentlich beiträgt. Zu den Dingen des Königs gehörten bis in die 1880er Jahre weiterhin die skulpturalen *ndop*-Figuren (Abb. 38): idealisierende (Memorial-)Porträts, die den König mit überkreuzten Beinen auf einem würfelförmigen Sockel sitzend und ein Zeremonialmesser haltend zeigen. Vor ihm aufgestellt ist das für seine Person und Herrschaft charakteristische Attribut (*ibol*) – ein Brettspiel und die Trommel. Jene *ndop*-Figuren wurden wahrscheinlich schon zu Lebzeiten der Könige geschnitzt und nahmen beispielsweise bei Abwesenheit in der Hauptstadt ihre Stellvertreterrolle ein; erst nach ihrem Tod wurden sie zu Gedenkfiguren. Diese enge Verbindung zusammenfassend, stellte der Historiker Jan Vansina fest, dass «die Persönlichkeit des Königs ebenso in ihr [der *ndop*-Figur] wohnt wie in seinem Körper». Insgesamt elf Figuren, die sich alle in europäischen und amerikanischen Museen befinden, sind heute bekannt. In ihrer Form ähneln sich die zwischen 25 und 76 cm großen Skulpturen, die in den 1880er Jahren als Insignie abgeschafft wurden (jedoch in den Kunstgewerbeschulen fortlebten, wie Elisabeth Cameron (2012) berichtet). Nur wenige Elemente der königlichen Kleidung werden wiedergegeben, etwa die breiten mit Kaurischnecken besetzten Gürtel über dem Bauch und einige Armreife an den Ober- und Unterarmen. Typisch ist die quaderförmige Königsfrisur. Auch bei diesen Porträts war die Ausstrahlung innerer Ruhe, Selbstbeherrschung und Unnahbarkeit – verstanden als Ideal der Amtsausführung – von zentraler Bedeutung. Die leicht rötliche Färbung vieler *ndop*-Figuren ist Resultat der Beopferung mit Rotholz und Palmöl. Neben den Memorialporträts zählen zu den Insignien des Amtes auch zwei königliche Trommeln sowie ein Paar geflochtene Körbe. Kraftfiguren, wie sie aus anderen Gesellschaften des heutigen Kongogebietes bekannt sind, scheinen im Kuba-Reich von den Bildhauern der benachbarten Songye hergestellt worden zu sein.

Das Kuba-Königreich war ein wohlhabender Staat mit einem ausgeklügelten und auf Verdienst basierenden System von Hoftiteln. Da die Machtpositionen (bis auf die des Königs) nicht vererbt, sondern verliehen wurden, war ein intensiver Wett-

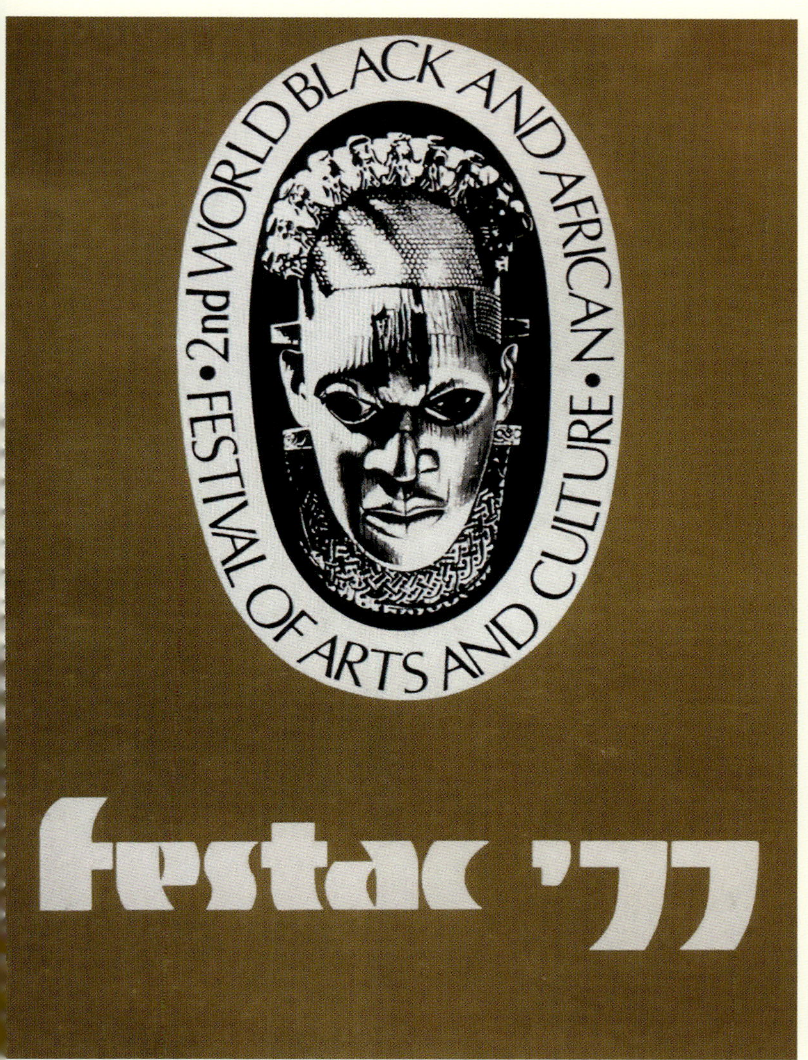

39 Das von Erhabor Emokpae gestaltete FESTAC-Emblem zeigt die Idia-Elfenbeinmaske aus Benin

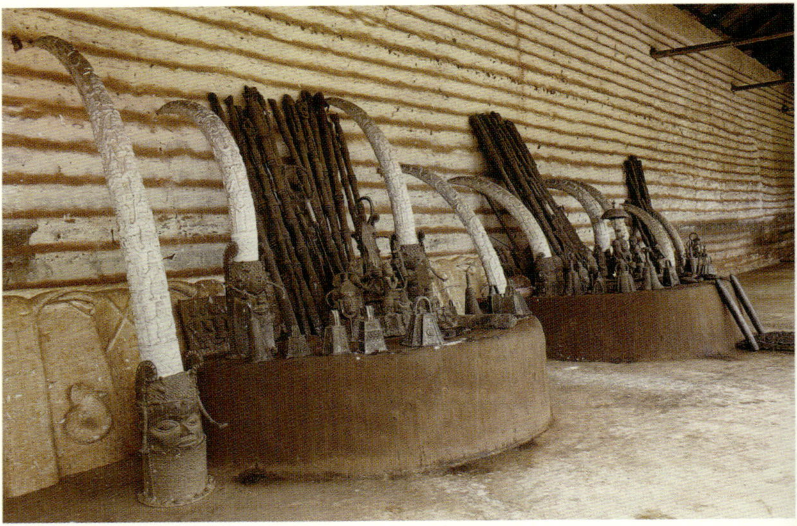

40 Altäre zum Gedenken an Oba Ovonramwen und Oba Eweka II., fotografiert von Eliot Elisofon, Benin City, Nigeria, 1970

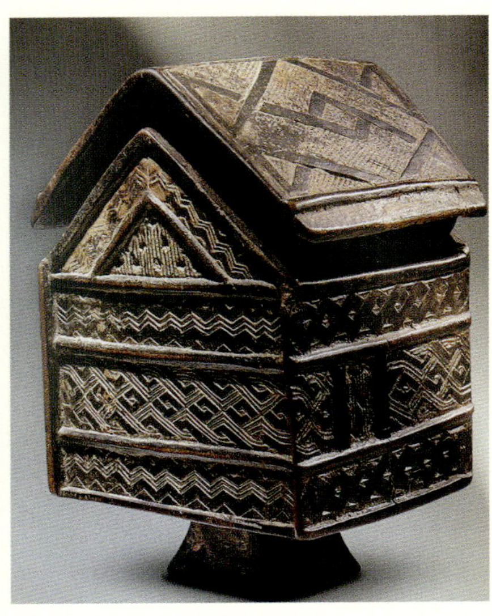

41 Behältnis in Form eines dekorierten Hauses aus Raffia-Wänden, Holz und Pigmente, 19,4 cm, Privatsammlung

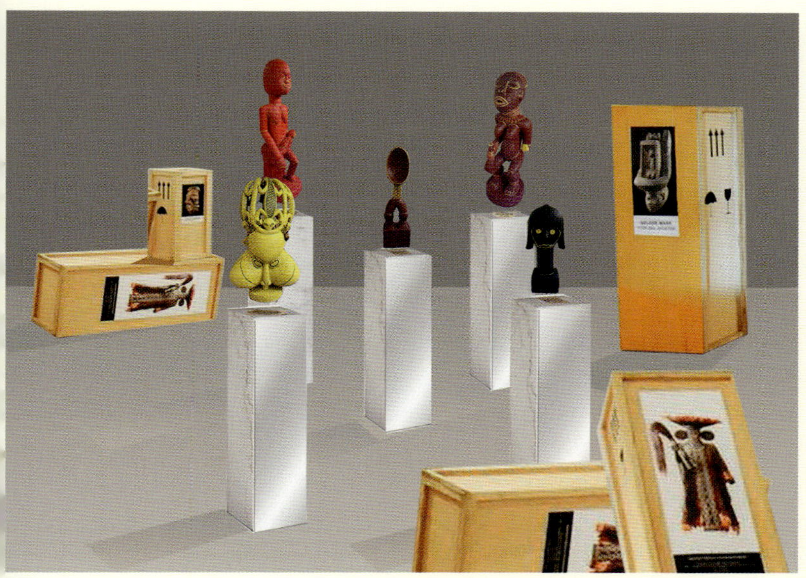

42 Hervé Youmbi, *Les exotiques autochtones*, 2020, multimediale Installation, fünf perlenbesetzte Holzskulpturen auf verspiegeltem Holzsockel samt zugehörigen Holzkisten mit Bildetiketten aus Vinyl

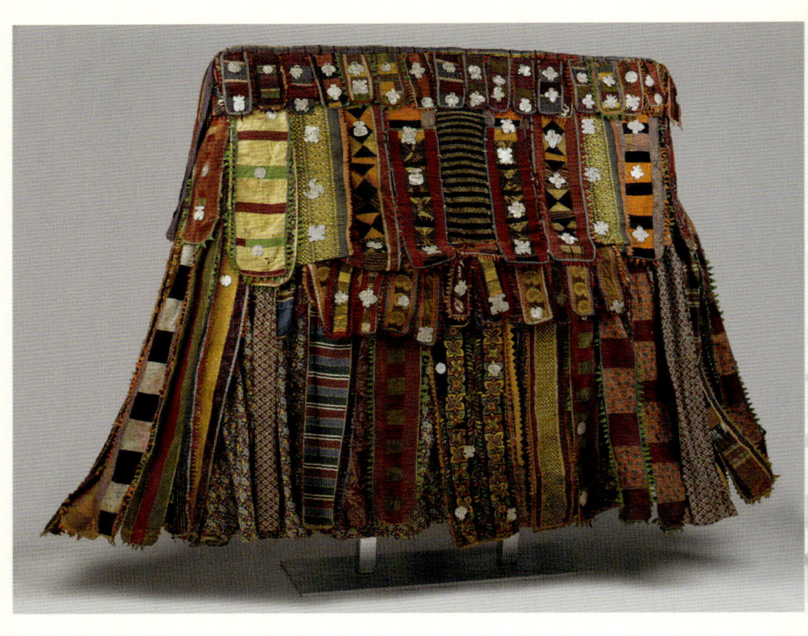

43 *Egungun*-Maske eines Yoruba-Künstlers (*paka egúngún*), ca. 1920–1948, Lekewogne Compound, Wolle, Holz, Seide, synthetische Textilien, Indigo-Färbung, Aluminium, 139,7 x 15,2 x 160 cm, Brooklyn Museum, New York

bewerb zwischen den Aspiranten die Regel; er manifestierte sich in der extensiven Anhäufung und dem ostentativen Ausstellen natürlicher sowie aufwendig gestalteter Gegenstände. Um ihre aufstrebende Mobilität zu unterstreichen und sich von ihresgleichen zu unterscheiden, beauftragten die Mitglieder der Aristokratie Künstler und Künstlerinnen mit der Anfertigung persönlicher Dinge: Behälter mit Deckeln (Abb. 41), Palmwein-Trinkbecher und -hörner, Tabakpfeifen, (Keramik-)Schalen, Prestige-Messer, Nackenstützen und Rückenlehnen, Hocker, Körbe und Matten, um nur einige zu nennen. Textilien, die als Kleidung oder Zahlungsmittel in Verwendung waren oder als Prestige-Objekte ausgestellt wurden, kam ebenso wie Schmuck aus Muscheln und Perlen eine besondere Bedeutung zu. Gemeinsam war diesen Objekten ihre aufwendige Gestaltung, wobei sich die komplexen Designs, ausgehend von textilen Mustern, in den unterschiedlichsten Materialien und Medien ähnelten: ineinandergreifende Rauten, mäandernde Linien, Kreuze und Karoformen, in Holz oder Ton geritzt, in Raffia verwebt. Die Muster trugen Namen und konnten auf ihre Erfinder oder die Auftraggeber verweisen. Manchen geometrischen Ornamenten waren mythische Begründungen eingeschrieben, weshalb sie nicht allein als Dekoration, sondern in ihrer Speicherfunktion für abstraktere Themen angesehen werden müssen. Andere Designs bezogen sich auf natürliche und beobachtbare Phänomene wie pflanzliche oder tierische Formen: aufsteigender Rauch, Reifenspuren im Sand. Das Formenrepertoire selbst unterlag ständigen Erweiterungen: Neue Dinge wie Benzinkanister wurden aufgenommen und adaptiert; weit verbreitet war der Skeuomorphismus, das heißt die Nachahmung oder Übertragung einer Form in ein anderes Material, ohne dass dies durch die Funktion allein begründet wäre. Die Nachbildung eines geflochtenen Korbes in ein geschnitztes Holz-Artefakt ist ein Beispiel für einen solchen ‹Stoffwechsel›. Ein Holzbecher, der sich heute im Metropolitan Museum in New York befindet, kombiniert anthropomorphe mit tierischen Formen, um Ideale von Raffinesse und Macht visuell zu vermitteln.

Künstlerische Praktiken, Kunsthandeln und kulturelles Erbe

«Wenn Menschen sterben, gehen sie in die Geschichte ein. Wenn Statuen sterben, werden sie Kunst.» Dieser Satz stammt aus dem kolonialkritischen Film *Auch Statuen sterben* (1953) von Chris Marker und Alain Resnais. Alioune Diop, Gründer der in Paris ansässigen Zeitschrift *Présence Africaine,* hatte den Filmessay beauftragt. Sein erster Teil feiert die ästhetischen Eigenschaften und die emotionale Kraft der Objekte. Die Kamera fährt entlang an Oberflächen und Details von Statuen und Masken, betont aus ungewöhnlichen Blickwinkeln ihre expressiven Qualitäten. Plastizität und formale Gestaltung sind durch harte Lichtkontraste und dramatische Schatten in Szene gesetzt. Fast das gesamte damals bekannte Korpus afrikanischer Kunst ist auf Basis westlicher Museumssammlungen filmisch verdichtet zusammengeführt. Der zweite Part thematisiert Kunstraub und Bedeutungsverlust der Artefakte, sogar ihren Tod, den sie mit «ihre[r] Aufnahme in europäische Museen» erlitten hätten: «Dem Gewebe der Welt, in das sie eingebettet waren, entrissen», so der eingesprochene Kommentar, «werden sie zu bloßen Zeugnissen von Kunst oder Kunsthandwerk.» Gefundenes Material aus den kolonialen Filmarchiven erinnert daran, unter welchen Bedingungen die Objekte erworben wurden. Kritisch merken die Regisseure auch Kommerzialisierung und Folklorisierung der künstlerischen Produktion in Afrika an, allerdings ohne deren Adaptionsfähigkeit und dynamischen Eigensinn erkannt zu haben. *Auch Statuen sterben* ist eine Reflexion über den Status sogenannter Objekte und der damit verbundenen kulturellen Präferenzen in Afrika wie auch in Europa.

Aus einer westlichen Perspektive galten und gelten Bildwerke und Kunstobjekte primär als etwas zu Bewahrendes. Entsprechend elaboriert und aufwendig sind die Techniken, Kunstwerke zu restaurieren und sie für die Zukunft zu erhalten – Praktiken, die aus einer anderen, in manchen afrikanischen Gesellschaften vorherrschenden Perspektive als Ruhigstellen oder Einfrieren aufgefasst wurden. Ephemere Werkformen oder Arbeiten, die sich selbst zerstörten, versuchten im westlichen Kontext eher die institutionellen Bedingungen des Kunstmarktes und seiner Machtstrukturen offenzulegen und zu kritisieren. Dass ein westlicher Ikonozentrismus nicht zwangsläufig den Kunst- und Artefaktediskursen anderer Weltgegenden entspricht, belegen die komplexen Objekt- und Bildpraktiken in den verschiedenen Regionen Afrikas. Sie umfassen das gesamte Spektrum von Bewahren und Zerstören. Objekte waren und sind oft darauf angelegt, die Zeit zu überdauern. Bekanntes Beispiel dafür sind die aus Messing gegossenen Werke aus dem Königtum Benin oder die aus Gold geschaffenen Stücke der Akan: die Wertigkeit und Haltbarkeit der Materialien waren bewusst gewählt, um Permanenz und Macht besonders in den höfischen Kontexten zu signalisieren. Aber auch Artefakte aus weniger dauerhaften Werkstoffen wie etwa Holz wurden vorbeugend zum Schutz gegen Wurmstich und Termiten behandelt. Masken und figurative Skulpturen wurden von Saison zu Saison übermalt und erneuert. Das Tränken in mit Heilpflanzen angereicherten Tinkturen oder das Einreiben mit dem Öl des Rotholzbaumes waren und sind wichtige Elemente ritueller und pflegerischer Praktiken. Formen der Reparatur – Kalebassen, deren Bruchstellen sichtbar geflickt sind, zerbrochene Tongefäße, deren Scherben wieder zusammengesetzt und mit Tonschlacke neu verbunden werden, Architekturen aus Lehm, in einem regelmäßigen Turnus ausgebessert und mit einem neuen Anstrich aus Lehmerde überzogen – sind weit verbreitet. Manche Kunsthistorikerinnen und Kunsthistoriker sehen in diesen Praktiken der Reparatur die Basis für die sogenannte *Récup*-Art der Gegenwart. Künstler wie El Anatsui oder Kader Attia thematisieren sie als Dialektik zwischen Zerstörung und Erneuerung und nutzen ihre Metaphorik: etwas Intaktes und miteinander Verwobenes wurde durch das koloniale Projekt unterbrochen; eine Geste der Reparatur fügt es neu zusammen, lässt aber die ursprünglichen Beschädigungen sichtbar.

Ephemere Werkformen und Kunst als Prozess

In den allermeisten Fällen unterlagen Kunstobjekte und Artefakte einer transformatorischen Konzeption; ihr Gebrauch war ein dynamischer und Flüchtigkeit beabsichtigt bzw. grundlegend. Naturbedingt galt dies etwa für die Wand- und Körpermalerei wie beispielsweise die von den Igbo im südöstlichen Nigeria praktizierten *uli*-Malereien (Abb. 44). Dabei handelte es sich um Ideogramme – abstrakte und minimalistische Darstellungen von nicht abbildbaren Eigenschaften und Ideen, die die Weltsicht der dort ansässigen Gemeinschaften wiedergeben. Hinter den periodisch zu erneuernden *uli*-Malereien – monochrom-schwarzen Körperzeichnungen und aus natürlichen Pigmenten in einer Palette von weiß, gelb, rot und schwarz angebrachten Hausbemalungen – standen Künstlerinnen. In seiner besonders ausgeprägten Linearität und im Spiel mit negativem Raum waren die Motive für Wand- und Körperkunst häufig identisch. Nachfolgenden Generationen moderner Künstler der Nsukka-Schule und aktuellen Designern und Designerinnen dienten sie als Inspiration.

Vergänglichkeit und ein Modus des Prozesshaften waren auch für die *mbari*-Schreine der Igbo im Osten Nigerias zentral (Abb. 45). Herbert Cole (1969) untersuchte die Schreinhäuser Mitte der 1960er Jahre und widmete ihnen seinen paradigmatischen Text *Art as a Verb in Iboland*. Cole zufolge bedeutete *mbari* zweierlei: eine physische Struktur – ein viereckiges Haus, das ein Dach, aber keine Außenwände hat und einem komplexen Skulpturenprogramm folgt – und ein kollektives Opfer für die Erdgottheit Ala und weitere spirituelle Entitäten. Es war eine Art Gesamtkunstwerk, bei dem alle verfügbaren Ressourcen, Zeit und handwerklichen Fähigkeiten dem Ziel gewidmet waren, eine Gottheit zu besänftigen. Die Schreine waren auf einmalige Verwendung angelegt. Während der langwierigen Arbeiten grenzte ein Zaun nicht nur die profane Umgebung ab, sondern steigerte die Spannung bis zur Einweihung. Nach diesem rituellen Höhepunkt wurde es dem Verfall überlassen. Ebenfalls aus Nigeria stammten *ako*-Figu-

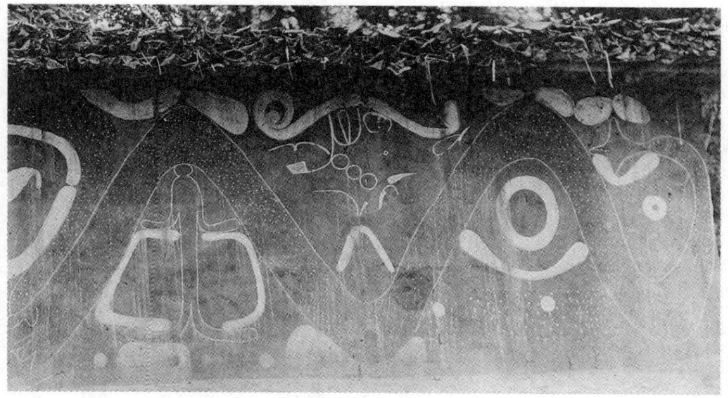

44 ***Uli*-Malerei in Nibi, heute Anambra State, Nigeria, die Aufnahme stammt von Thomas Northcote aus dem Jahr 1911**

ren: Lebensgroße und aus mehreren Holzteilen gefertigte Darstellungen verstorbener Würdenträger und Würdenträgerinnen. Bekleidet mit wertvollen Textilien wurden die Plastiken bis in die 1940er Jahre anlässlich von sekundären Bestattungen in einer Prozession durch die Ortschaft getragen, ehe man sie verbrannte. Nur zufällig und vereinzelt haben sich solche Ganzkörperfiguren erhalten.

Viele Objektkategorien und Gattungen waren von ihrer Konzeption her auf den temporären Gebrauch hin angelegt. Das manifestierte sich einerseits durch die Verwendung vergänglicher Materialien, darunter vegetabile Stoffe und Mineralien. Anderseits waren sie geprägt von einer künstlerischen Haltung, die prinzipiell jedes Werk als ersetz- und aktualisierbar ansah, sofern Bestimmung und Stil (weitestgehend) konstant blieben. Masken und figurative Skulpturen wurden oft nur für eine Generation angefertigt. Als Protopyen für die Neuschaffung lagen den Bildhauern dann ältere Versionen einer oder zweier Generationen als Referenz vor. Erfüllten Artefakte ihre Zwecke nicht mehr, da sie unwirksam oder zu mächtig geworden bzw. einfach aus der Mode gekommen waren, wurden sie durch neue Stücke ersetzt. *Ibeji*-Figuren der Yoruba, die geschnitzt wurden, wenn

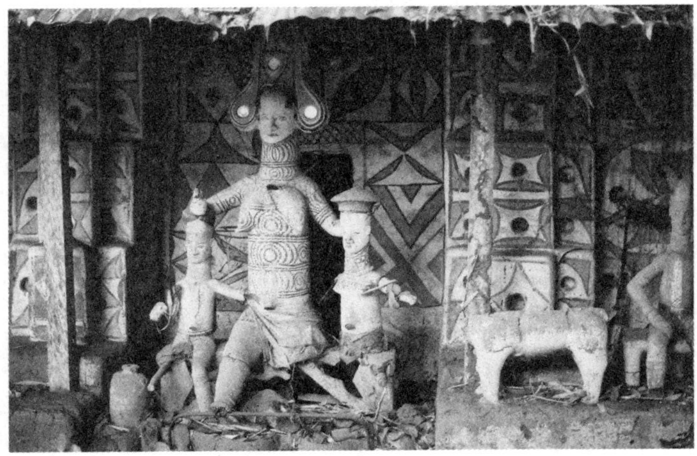

45 Detail eines *mbari*-Schreins (1966), das Ala, die Erdgottheit, mit ihren ‹Kindern› zeigt

ein Zwilling im Säuglings- oder Kindesalter gestorben war, wurden etwa in den 1970er Jahren manchmal durch knallbunte Plastikpuppen («Lotte») oder Fotografien des verstorbenen Zwillings ersetzt.

Performativität und Masken als Gesamtkunstwerke

Assemblage und Performativität gehören zu den wichtigsten ästhetischen Praktiken in den Künsten Afrikas. Vor allem die in den westlichen Sammlungen allgegenwärtigen Masken stehen für die performativen Aspekte – allerdings teilen sich diese in den zu Museumsobjekten umgedeuteten und als Plastiken ausgestellten Werke kaum mit. Denn Gesichts- oder Aufsatzmasken bleiben ohne ihre Kostüme und die ihnen eigenen Rhythmen und Tanzschritte und ohne ein Publikum fragmentarisch. *Gelede*-Masken-Performances beispielsweise stellten bei den Yoruba ein multisensorisches und gleichsam ultimatives Spektakel aus Anblicken, Klängen, Gerüchen, Geschmäckern, Berührungen und Bewegungen dar. Wie zentral Bewegungen und Tänze in diesen Kontexten waren, untermauert auch das Beispiel des Entstehungsprozesses neuer Pende-Masken, deren expressive Formen zahlreiche Gestaltungsmöglichkeiten zuließen. Sie stellten keine Abbilder übernatürlicher Wesen dar, sondern zielten auf die Darstellung sozialer Charaktere. Nicht die bildhauerische Form der Masken stand am Anfang eines Entwurfsprozesses, sondern die Komposition ihrer typischen (Tanz-)Bewegungen. Trotz dieser ganzheitlichen Betrachtung des gesamten Masken-Ensembles erfährt der Maskenaufsatz oft eine besondere gestalterische Aufmerksamkeit. Häufig kommt Holz zum Einsatz, dem weitere Materialien oder auch Miniaturobjekte, Medizinbündel und vieles mehr beigegeben sind. Aber auch Masken, die komplett aus pflanzlichen und tierischen Materialien (Blätter, Federn oder getrocknete Gräser) gefertigt sind, sind bekannt, so auch die Jola-Masken aus der Casamance im südlichen Senegal. Charakteristisch ist häufig eine heterogene und zusammengesetzte Ästhetik, was auch auf das Masken-Trias aus dem ehemaligen Mushenge zutrifft: Farbige Perlen, Kaurischnecken, Spiegel, Metallbeschläge, Glocken, Textilien sowie andere oft kostbare und häufig über den Fernhandel von weit her eingeführte Display-Materialien zielten auf visuelle Überwältigung und der Herausstellung des Königs als Maskenbesitzer. Ausgeprägte und bis in die Gegenwart wichtige Maskentraditionen sind aus Ostafrika, genauer aus Tansania und Mosambik, bekannt. Einige von ihnen stehen im Kontext der Initiation, also der Eingliederung von Jungen und Mädchen als vollwertige Mitglieder in eine Gemeinschaft. Bestimmte den Makonde zugeschriebene Maskentypen erscheinen zum Abschluss eines solchen Rituals und führen, einem Schauspiel gleich, wichtige Momente der Geschichte und ihrer prototypischen Akteure und Akteurinnen vor Augen – etwa einen arabischstämmigen Vertreter des Sultans von Sansibar. Anhand der den Zuschauenden bekannten signifikanten Merkmale waren diese sozialen Typen selbst in den minimalistischsten Formen identifizierbar. Man könnte hier von einem performativen Erinnern sprechen, in dem die Masken historische Erfahrungen gegenständlich verdichten.

Aus vielen Regionen West-, Zentral- und Ostafrikas ist die Aktualität von Maskenkulten belegt. In Freetown, Hauptstadt des 1961 unabhängig gewordenen Sierra Leone, sind Beispiele dezidiert urbaner und mit Migrationen verbundener Masken bekannt. Jene als *ode-lay*-Kostüme bezeichneten Masken offenbarten mit ihrem Einbezug industriell hergestellter Elemente transkulturelle und globale Aspekte künstlerischer Materialien. Ihre flirrende, bunt glänzende Ästhetik und die Opulenz ihrer Erscheinung war konstitutiv für ihren bricolageartigen Charakter. Aus dieser Region stammen auch die *sowei*-Masken, die ein ‹ontologisches Dazwischen› (Paul Basu 2017) verkörpern, indem sie «eine sichtbare und materielle Manifestation einer immateriellen und unsichtbaren Welt» darstellen. Dementsprechend werden sie anlässlich von Schwellensituationen, wie sie die Übergangsriten markieren, getragen. Die Ideale von weiblicher Schönheit verkörpernden Maskenaufsätzen werden – und das ist exzeptionell – von Frauen der Sande-Gesellschaft aufgeführt, wie die Studien von Sylvia Boone (1990) und Ruth Phillips (1995) darlegten (Abb. 46).

Die zeitgenössische Kunst, etwa die fortlaufende Serie *Visage de Masque* (seit 2015) von Hervé Yumbi reflektiert diese prinzipielle Offenheit Neuerungen gegenüber, die sich in den Masken offenbart (Abb. 42). Seine Installationen und Masken-Performances unterstreichen nicht nur die Zeitgenossenschaft sogenannter ‹traditioneller Künste›, sie sind auch genährt von dem Wissen um die Auswirkungen des Kolonialismus auf die ältere künstlerische Produktion und den rituellen Austausch. In neuartigen formalen Kombinationen verbinden seine Maskengesichter ikonische Stile der Dogon, Yoruba oder Punu und arbeiten geradezu die Prinzipien und Dynamiken des Maskenwesens in Norden Kameruns heraus. In der als Kameruner Grasland bezeichneten Region, deren präkoloniale politische Strukturen mit weit über hundert Fürstentümern und entsprechenden höfischen Kunstgattungen einander ähnlich waren, fungierten Maskengesellschaften in erster Linie als Gegengewicht und auch Korrektiv gegenüber der zentralen Macht des Herrschers. Ihr Kontext war dem von Macht und Politik zuzuordnen, judiktive

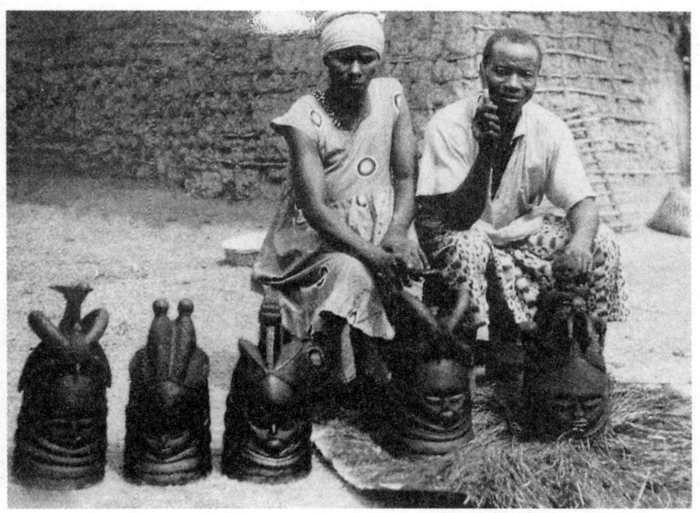

46 Der Bildhauer Pessima mit einigen von ihm geschaffenen *sowei*-Masken. Aufnahme aus den 1950er Jahren, Guy-Massie-Taylo-Sammlung

Funktionen eingeschlossen. Die zoomorphen oder anthropomorphen, oft mit Medizinen angereicherten Masken sowie weitere Ritualgegenstände wurden im Palast in den Räumen der Maskenvereinigungen aufbewahrt; sie galten als deren Besitzer und begleiteten Inthronisationen, Bestattungen und andere offizielle Zeremonien. Zahlreiche Maskentypen bedurften ihrer vegetabilen Bestandteile wegen periodischer Erneuerung. Mit etwas Willen zur Generalisierung lässt sich ihre expressive und von kubischen Formen geprägte Ästhetik am besten als Ausdruck von Autorität und Transgression deuten: oft sind es großdimensionierte Aufsatzmasken, deren Oberflächen nicht geschliffen und poliert sind, sondern eher grobe Spuren der Bearbeitung aufweisen. Als Nachtmasken sind sie gezielt geschaffen, um Furcht und Schrecken auszulösen.

Masken sind Geister, meist Männer (fast nie Frauen) in Kostümen. Maskierendes Verhalten liegt außerhalb der Gren-

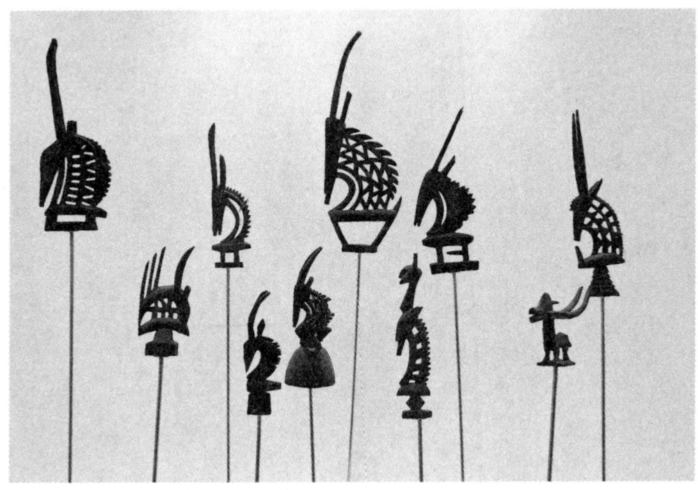

47 und 48 *Ci-wara*-Masken im «Museum der schwarzen Zivilisationen» in Dakar, Senegal (links) und horizontale *ci-wara-Maske*, Mali, Holz, Eisen, Kauri und vegetabile Materialien, 52,8 cm, The University of Iowa Museum of Art, Iowa City (rechts)

zen der alltäglichen Regeln des sozialen Miteinanders, weswegen sie häufig in Übergangsriten, etwa im Rahmen von Initiationen auftreten. Sie erfüllen ästhetische, soziale und manchmal heilende, spirituelle Funktionen. Mit einem eigenen Handlungspotenzial ausgestattet, werden sie als eigenmächtige Dinge und Aktanten angesehen, die auch mit menschlichen Akteuren ein Beziehungsgeflecht eingehen können. In der Theorie von Alfred Gell sind sie sekundäre Akteure in einem größeren Netzwerk. *Egungun*-Masken der Yoruba dienen zum Beispiel der spirituellen Unterstützung der Gemeinschaft und verkörpern Ahnen (Abb. 43). Sie bestehen aus mehreren Lagen miteinander vernähter und aus den verschiedensten (Welt-)Regionen kommender reich verzierter Stoffe, die Status und Wohlstand der Familie zu Ehren ihrer Vorfahren feiern. Manchmal waren ihnen kleinere Medizinbeutel eingearbeitet und das Maskenkostüm konnte über die Jahre seiner Verwendung mit zusätzlichen

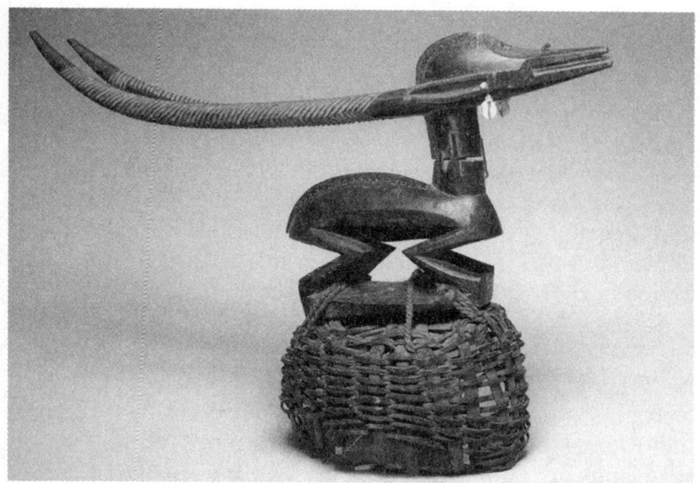

Stoffbahnen ergänzt werden. Der Eindruck während der Performance ist der einer bewegten, bunt schillernden Vielfalt an Texturen, Farben und Mustern. Von den im südöstlichen Nigeria beheimateten Igbo sind gleichfalls komplexe, jedoch aus Holz hergestellte Masken bekannt, die anlässlich von Begräbnissen auftreten: Sie bestehen aus Plattformen mit einem Durchmesser von oft mehr als anderthalb Metern, auf denen geschnitzte Figuren mit farbigen Stoffen abgebildet sind, die eher alltägliche Szenen darstellen. Sie sollten den Fortbestand der Familie und das Wohlergehen der Gemeinschaft sichern.

Diesen Zweck erfüllten auch die *ci-wara*-Masken, wie sie in den agrarischen Gesellschaften Malis auftraten (Abb. 47, 48). Mit ihnen wurden herausragende Leistungen im Feldbau gefeiert und junge Männer beim gemeinsamen Beackern der Felder angefeuert. Diese Masken stehen für die Identität der Bamana als Ackerbauern, die den oft sehr trockenen Böden der Sahelzone ein hartes Leben abtrotzten, aber immer wieder von Dürren betroffen waren. In einer abstrahierten Ästhetik vereinen die Masken die Merkmale verschiedener Tiere: der Pferdeantilope, des Schuppentiers und des Erdferkels. In Seitenansicht ergibt sich ein fast grafisches und abstraktes Bild abgerundeter und gerader Linien – weshalb der Maskentypus in der Gegenwart oft als Designelement aufgegriffen wird. Dominique Zahan (1980) hat gezeigt, wie in den horizontalen Maskentypen des *ci-wara* die Zusammenschau der Tiere nicht willkürlich, sondern ihren Eigenschaften (nachtaktiv etwa) entsprechend, bewusst erfolgt. Damit speicherten sie gleichsam ökologisches und kosmologisches Wissen, welches in den Performances aktiviert, zu oralen Überlieferungen in Beziehung gesetzt und kommuniziert wird.

Gesten des Zeigens und Erzähl-Performances

Neben Masken wurden auch andere Objekte in Performances und Ritualen mobilisiert. So konnten Gegenstände und Skulpturen, die sich auf individuellen oder Familienaltären befanden, rituell aktiviert und bewegt werden. Solche Formen des Displays, wovon die Altäre mit ihren sorgfältig arrangierten Ritualgegenständen ein Beispiel sind, folgen einer bestimmten Dramaturgie und zeichnen sich durch ihren temporären Charakter aus. Gleiches gilt für öffentliche Zeremonien, etwa an den königlichen Höfen. Oft wurden – einem bestimmten Turnus folgend – die in den Schatzkammern aufbewahrten Insignien und Prestigeobjekte hervorgeholt, öffentlich gezeigt und ausgestellt. In Kamerun war die Zurschaustellung von Kunst ein wichtiges Instrument der Manifestation lokaler politischer Macht und ein Unterscheidungsmerkmal, das den Rang und das Ansehen von Personen und Haushalten kennzeichnete. Die ‹Dinge des Königs›, darunter figürliche und reich mit Glasperlen überzogene Throne und Masken, wurden nur anlässlich von Festen und Hofzeremonien präsentiert. Von den Fon in Benin ist eine *huena* genannte Prozession bekannt, zu deren Anlass die königlichen Sammlungen noch durch eigens beauftragte Werke ergänzt wurden. Aber auch die für den afrikanischen Kontext ungewöhnlich hohen Throne schienen bestimmten Dispositiven des Zeigens zu folgen. Die Throne der Könige Glele und Ghezo stammten aus lokal ansässigen afrobrasilianischen Werkstätten und mussten aufgrund ihrer Andersartigkeit und Neuheit bereits für die öffentliche Präsentation konzipiert gewesen sein. Ben-Amos sprach von der Neuheit als Strategie aristokratischer und höfischer Statusanzeige. Arten der Aufbewahrung und des temporären Präsentierens sind auch aus gänzlich anderen regionalen Kontexten bekannt – etwa in den installativen Displays aufwendig verzierter und bemalter Kalebassen und Stoffe, die sonst das Interieur nomadischer Behausungen ausmachten und anlässlich großer Familientreffen gezeigt werden. Kunstvoll verschnürte, in verschiedenen Techniken und aus pflanzlichen Materialien geformte Hochzeitskörbe sind ihrerseits als eigene Objekt-Assemblagen anzusehen.

Formen des performativen Displays sind auch im Kontext der Instruktion und Unterweisung zu finden. Beispielhaft seien die sogenannten Initiationswände *mulalani* genannt, die temporär errichtet wurden, um die mehrfache Separierung der zu Initiierenden zu markieren. Die Initiationsrituale waren charakterisiert durch eine zeitweilige räumliche Absonderung, während derer die Novizen über die kulturelle und moralische Ordnung ihrer Gesellschaft unterwiesen werden. Die Initiationswand war David Binkley und Patricia Darish (2009) zufolge Teil der Wiederangliederungsphase. Sie instruierte die Jugendlichen am Beispiel diverser der Wand angehängter besonders signifikanter Artefakte: natürliche Dinge, Modelle von Objekten und – auch die Miniaturisierung war eine ästhetische Strategie – Masken im Miniaturformat. Die eigentliche Unterweisung erfolgte aber, indem diese Stücke aktiviert, performativ eingebunden und interpretiert wurden. Offensichtlich sah man in ihnen Objekte, denen kulturelle Wissensinhalte eingeschrieben waren, die aber der Auslegung durch Spezialisten bedurften. Obgleich eine zentrale Frage jeder Kunstgeschichte die nach der grundlegenden Bedeutung von Objekten für die Organisation kultureller Wissensbestände ist, ist dies nur ansatzweise diskutiert. Und doch sind zahlreiche Beispiele bekannt, in denen Artefakte als Anschauungsobjekte, Gedächtnisstützen und vieles mehr fungierten – und als solche in komplexe Praktiken eines breiteren Wissensfeldes eingebunden waren: Sie wurden, wie Annette

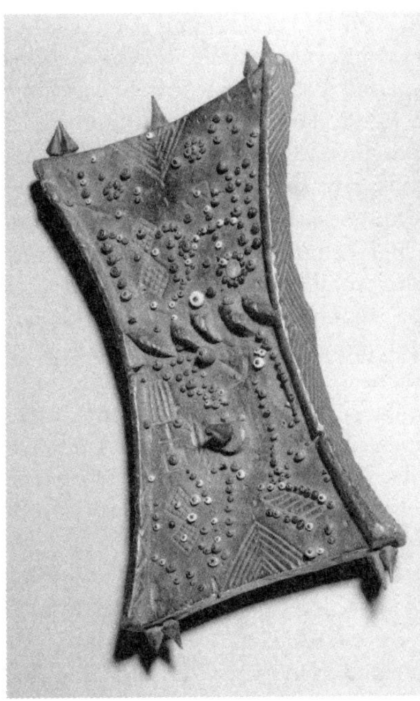

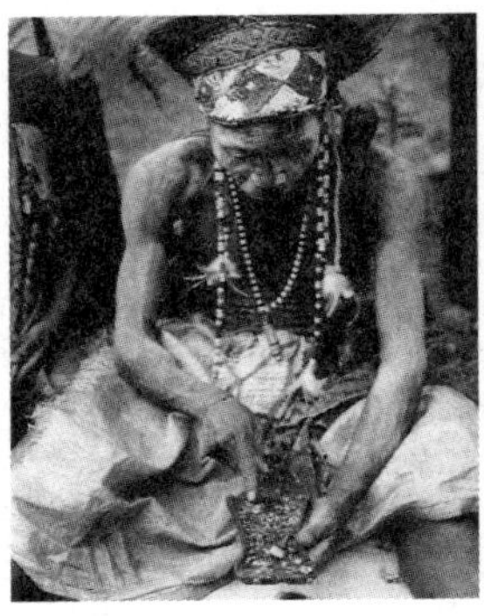

49 *Lukasa*, 19./20. Jahrhundert, Holz, Perlen, Metall, 25,4 x 14,6 x 4,4 cm, Brooklyn Museum, New York

50 Ein Mitglied des *mbudye*-Bundes ‹liest› ein *lukasa*-Erinnerungsbrett, fotografiert von Mary Nooter Roberts, 1989

Bhagwati (2019) zusammenfasst, «auf verschiedene Weise arrangiert, präsentiert, interpretiert, besungen und umtanzt.»

Sogenannte *lukasa* aus dem Kongo waren als Visualisierungen, Wissensspeicher und Gedächtnisstütze in komplexe, das Kollektiv betreffende historische Erinnerungsprozesse eingebunden (Abb. 49, 50). *Lukasa* sind hölzerne, oft anthropomorphe Plastiken der Luba, auf deren konkav geformte Leiber bunte Perlen und Muscheln appliziert wurden. *Lukasa* sind ein Beispiel dafür, wie sich in Artefakten ‹Wissen einlagert› und wie dieses von Spezialisten abgerufen und gedeutet werden kann: Erinnern wird als ein dynamischer Prozess der Rekonfiguration betrachtet. Artefakte fungieren hier als Gedächtnisstütze, sie aktivieren gleichsam Erinnerung: «Beim Lesen der Lukasa hält man die Tafel in der linken Hand und zeichnet die Muster und

Symbole mit dem rechten Zeigefinger nach. Das ‹Lesen› eines *lukasa* erfordert weit mehr als die Verbalisierung statischer, durch visuelle Zeichen vermittelter Bedeutungen. Vielmehr geht es darum, diese Symbole zu interpretieren, da sie sich nicht nur auf die Vergangenheit, sondern auch auf die Gegenwart beziehen», so Mary und Allen Roberts (1996). Die *lukasa* sind Erinnerungstrigger. Sie ermöglichen den Mitgliedern der *mbudye*-Gesellschaft Wissen in Bezug auf die Genealogien, höfische Zeremonien und Kulturheroen, Klan-Migrationen und territoriale Ordnungen zu erinnern und zu kommunizieren. Man kann diese ‹Erinnerungsbretter›, für die eine Akkumulationspraxis konstitutiv erscheint, mit einer Bibliothek vergleichen. Anhand der besonderen Objektkonfiguration – der Anordnung der Perlen, Keramik, Holz- und Metallstücke – ertastet (‹liest›) ein ‹Hof-Historiker› die historischen Episoden. In regelrechten Erzähl-Performances berühren die Erzähler die innen angebrachten Objekte mit ihrer Hand und leiten aus ihrer Kombination komplexe Bezüge ab. Dabei lässt sich die Objektkonfiguration unter verschiedenen Aspekten lesen: etwa räumlich als eine Art Landkarte des Luba-Territoriums mit seinen Dörfern und Städten; aber auch zeitlich als Darstellung von Genealogien und Abstammungslinien oder als Abfolge historischer Ereignisse. Eine dritte Dimension bezieht sich auf die Mythologie. Mit jedem Objekt sind auch bestimmte Mythen verbunden. Gereihte Objekte bilden dann zum Beispiel einen Mythenzyklus; sie lassen sich aber auch als Reise durch Raum und Zeit begreifen.

Wirkmächtigkeit von Objekten und Ikonoklasmus

Vergänglichkeit und natürlicher Verfall konnten beabsichtigt und gewollt, nicht selten sogar zwingend notwendig gewesen sein. Das traf auf *nkishikishi* genannte Statuen zu, die in den Dörfern der Pende fast das gesamte 20. Jahrhundert die Dächer von Schreinhäusern krönten. Man sah in ihnen temporäre Aufenthaltsorte von Geistern, die in einem regelmäßigen Turnus erneuert werden mussten. Bei den aus hartem Holz angefertigten

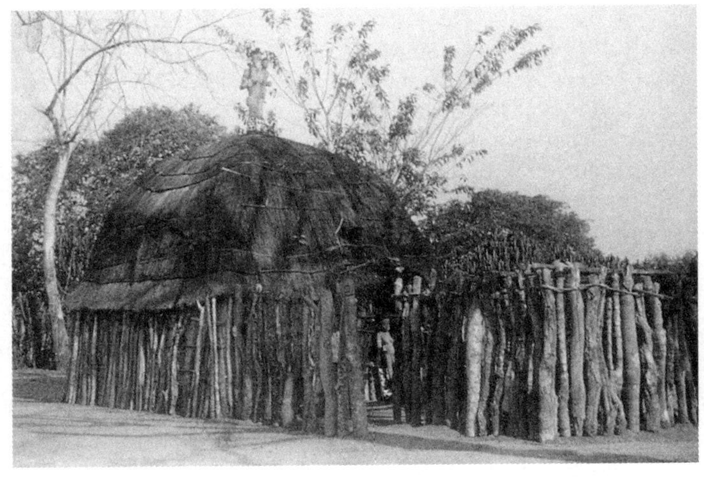

51 Schreinhaus (*kibulu*) von Chief Kombo-Kiboto (oben)

52 Skulptur von Kaseya Tambwe, Ndjindji, DRK, 1952 (rechts)

nkishikishi handelte es sich um anthropomorphe Dachstatuetten verschiedener Größen, die von beschnitzten Türstürzen und Paneelen als Teil eines Sets architekturaler Skulpturen komplementiert wurden (Abb. 51, 52). Diese in den 1960er Jahren boomende und zwanzig Jahre später fast erloschene Gattung konnte nur von den Dorfvorstehern beauftragt werden. Weniger bedeutsame *chiefs* begnügten sich mit kleineren, oft tiergestaltigen Statuetten. In jedem Fall handelte es sich um Objekte großen Stolzes, die nur bei den besten Bildhauern beauftragt wurden – und doch endete ihr ‹Leben› mit dem Tod des Priesters und damit auch der Auflösung des Schreines. Die Vorstellung, ein Kraftobjekt, wie es die *nkishikishi* darstellten, könne seinen Ermächtiger überdauern, war beängstigend: «*Nkishikishi* können Wunder bewirken. Und aus ebendiesem Grund müssen sie regelmäßig zerstört werden, um die Gesellschaft vor ihrer Macht zu schützen», so Zoe Strother (2004).

Das Ephemere als Paradigma und Praxis wird verständlich, wenn man sich vergegenwärtigt, dass Artefakte in vielen afrika-

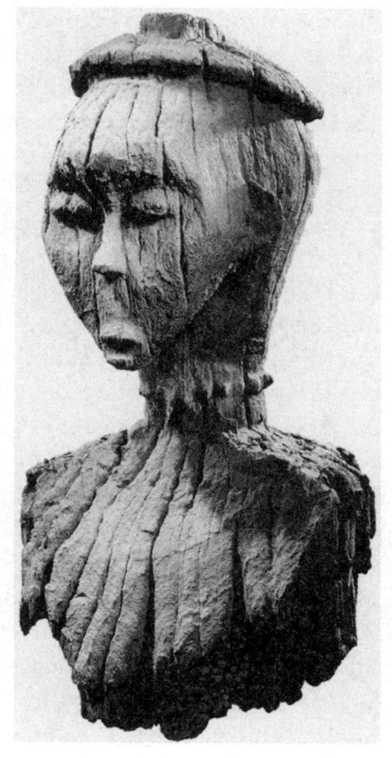

nischen Gesellschaften einen im Gegensatz zu westlichen Konzepten anderen ontologischen Status besitzen. Sie waren und werden weniger als passive ‹Objekte› denn aktiv Handelnde in einem dichten Netz menschlicher und nichtmenschlicher Interaktionen angesehen. Bei den Bamana in Mali waren rituelle Objekte untrennbar mit *nyama* verbunden – jener Kraft, die bereits unter dem Aspekt der Akkumulation angesprochen wurde. Auf ästhetisch-materieller Ebene manifestierte sie sich in einer rauen verkrusteten Patina als Spuren von Beopferung. *Boliw* genannte Objekte waren keine Behältnisse, sondern Kulminationspunkte spiritueller Entitäten. Als unabdingbar für die Wirksamkeit von *boliw*-Objekten mussten diese in eine Reihe komplexer Verhandlungen zwischen Künstler, Künstlerinnen und Patron eingebunden sein – denn ohne einen reziproken Fluss ökonomischer und sozialer Beziehungen, ohne entsprechende Handlungen und Netzwerke hätten die Dinge kein *nyama* erlangt und wären folglich unwirksam. Dementsprechend war das Erzeugen dieser tendenziell negativ (wie positiv) agierenden Kraft und ihre Lokalisierung in den Artefakten das eigentliche Ziel allen Kunstschaffens. Aus einer lokalen Sichtweise bedeutete die Arbeit des Bildhauers oder der *bogolan*-Färberin nur den Beginn eines langen Prozesses der Akkumulation und Intensivierung von *nyama*. Gebrauchsspuren waren nicht primär Zeichen des Verfalls – Schrammen und Risse, Altersspuren auf einer Maske, ihre Patina, oder verblasste Farbe stellten keinen Verlust dar, sondern signalisierten im Gegenteil die Anwesenheit einer ambivalenten Macht. Ebenso wie die *nkishikishi* konnten auch mit *nyama* angereicherte Objekte gefährlich werden, so dass sie unter Einhaltung ritueller Vorkehrungen entsorgt bzw. unwirksam gemacht wurden. Kunsthistorisch betrachtet handelte es sich hier um eine Form des Proxy-Ikonoklasmus – einer stellvertretend für den Objektbesitzer ausgeführten Zerstörung, bei der Artefakte dem natürlichen Verfall überlassen oder an kulturelle Außenseiter abgegeben werden konnten. Letzteres traf oft dann zu, wenn durch Konversion zum Islam, Christentum oder zu einer anderen religiösen Bewegung die älteren Objekte als Zeugnisse falschen Glaubens abgetan und veräußert oder zerstört wurden.

Die sozial-religiöse Bewegung des *massa*, die ihren Ursprung Ende der 1940er Jahre im westafrikanischen Mali hatte und sich von dort rasch nach Burkina Faso und in die nördliche Elfenbeinküste ausbreitete, belegt komplexe und in mehrfacher Hinsicht folgenreiche Objektmigrationen – die, obwohl sie von Akteuren in Westafrika ausgingen, gleichwohl von kolonialen Strukturen und Ungleichheiten begünstigt waren. *Massa* hatte sich im Kontext wachsender politischer Spannungen und im Widerstand gegen die kolonialfranzösische Besetzung des damaligen Westsudan als spirituelle Bewegung formiert. Rituell manifestierte sich *massa* in Altären, auf die mit verschiedenen Substanzen angefüllte Tierhörner gestellt waren. Diese neu geschaffenen Entitäten sollten die älteren Bildwerke ersetzen – darunter *kponyugu*-Masken mit auskragenden Hörnern und einem großen klaffenden Maul oder die kleineren *kpelie*-Masken mit feinen Gesichtszügen. Beide Maskentypen unterstanden den Männergesellschaften des Poro, wo sie die übergenerationale Verbindung mit den Ahnen garantierten oder im Falle von *kpelie* weibliche Geister verkörperten und wichtige Aspekte des Poro-Wissens verschlüsselten. Die Vertreter des *massa* jedoch sahen in ihnen schadenszaubernde Objekte und riefen zu ihrer Zerstörung auf. Fotografisch belegt ist aber auch, dass manch ältere Plastik gleichsam umgewidmet in die neuen *massa*-Schreine integriert wurde. Auf dem Höhepunkt der Expansion von *massa* zwischen 1950 und 1953 wurden Tausende von Objekten aus den Poro-Hainen entfernt und an den Rändern der Dörfer abgelegt – von wo sie, teils mit Unterstützung lokaler *massa*-Gegner, in den internationalen Kunstmarkt gelangten. Als gesichert gilt der Ankauf derart ausrangierter Objekte durch Emil Storrer, einen ehemaligen Fremdenlegionär und Kunsthändler, sowie durch zwei katholische Missionare. Letztere gaben ein größeres Konvolut an das kolonialfranzösische IFAN-Museum in Abidjan. Der Großteil ihrer Sammlung jedoch wurde in Frankreich veräußert. In Nordamerika profitierte vor allem das 1956 in New York eröffnete *Museum of Primitive Art*, dessen Grundstock die Sammlung von Nelson Rockefeller bildete, von der neuen Verfügbarkeit zahlreicher Objekte aus der Elfenbeinküste. Es war vor allem Storrer, der Rockefeller mehrere Plastiken verkaufte, die der erste Direktor, der Kunsthistoriker Robert Goldwater, im Katalog der Ausstellung *Senufo Sculpture from West Africa* (1964) abbildete. Die Präsentation der Werke unterstrich die formalen Eigenschaften von Masken und Skulpturen, die von nun als Senufo-Kunst etikettiert wurden. Das Beispiel des *massa* belegt zweierlei: zum einen die komplexen und mitunter unerwarteten Verstrickungen wie die Komplizenschaft zwischen katholischer Mission und einem wachsenden ‹Afrika›-Kunstmarkt nach dem Zweiten Weltkrieg; zum anderen das Ineinandergreifen von einer durch eine ikonoklastische Bewegung ausgelösten ‹plötzlichen› und massenhaften Verfügbarkeit zahlreicher Objekte aus der Elfenbeinküste und der Etablierung eines neuen kunstmarktkonformen Stil-Labels ‹Senufo›.

Koloniale Herrschaft und künstlerische Produktion

Mit der Berliner Kongo-Konferenz von 1884/85 war die Aufteilung des afrikanischen Kontinents unter den europäischen Kolonialmächten besiegelt. Ab den 1880er Jahren bestimmte die Suche nach Rohstoffen und Absatzmärkten für die in Europa industriell hergestellten Waren die imperial-kolonialistische Politik, die frühere Episoden merkantiler Handelsformen ablöste. Auf welche Weise sich die koloniale Herrschaft in Afrika auf das künstlerische Feld auswirkte, war unter anderem Gegenstand der Studien von Schildkrout/Keim, Geary, Kasfir und Allen F. Roberts. Die Einführung neuer Materialien und Techniken bedeutete erste Einschnitte. Im Zuge von missionarischen Aktivitäten eingerichtete Werkstätten wie die von Kevin Carroll im kolonialbritischen Nigeria beförderten eine neue christliche Kunst; in den *Public Works Departments* wurden Möbel und Haushaltsgegenstände gefertigt. In den frankophonen Kolonialgebieten dominierten kunsthandwerkliche Schulen, sogenannte *artisanats*, die für die neuen Märkte produzierten. Kolonialausstellungen, wie sie seit Ende des 19. Jahrhunderts in allen europäischen Kolonialmetropolen stattfanden, stellten die Erzeugnisse regelmäßig aus und warben für das koloniale Geschäft. In Deutschland suchte Georg August Schweinfurth mit seinem Werk *Artes africanae* (1875) das Potenzial neuer Rohmaterialien und Verarbeitungsweisen für die heimische Industrie bekannt zu machen. Debora Silverman (2011, 2012) wies nach, wie Werke des belgischen Jugendstils nicht nur aus kongolesischen Rohstoffen geschaffen waren, sondern sie auch ikonografisch koloniale Motive und Themen verhandelten. Eine anlässlich der Brüsseler Weltausstellung von 1897 hergestellte Plastik aus Elfenbein und Edelmetallen von Philippe Wolfers greift ein immer wieder bemühtes Thema kolonialer Propaganda auf – den Kampf zwischen *Zivilisation und Barbarismus*. Vielsagend repräsentiert wurden sie über einen Schwan und einen schlangenköpfigen Drachen, die einen beschnitzten, ‹Afrika› verkörpernden Elefantenstoßzahn umgaben.

Die Realität kolonialer Herrschaft in Afrika, welche den gesamten Alltag, die Geschlechterverhältnisse und rural-urbane wie auch politische Strukturen erschütterte und neu ordnete, provozierte auch in den Künsten direkte Reaktionen und Widerstände. Diese reichten von der Bildwerdung westlicher Kolonialakteure in Skulpturen und Masken, der performativen Auseinandersetzung mit kolonialer Gewalt in Besessenheitskulten bis hin zu offenen Abwehrformen, die sich beispielsweise in *mangaaka*-Kraftfiguren materialisierten. Jene neue Gattung der Kraftfiguren entstand in einer historischen Konstellation, in der die alten Reiche Kongo und Loango kaum mehr existierten, der Sklavenhandel offiziell abgeschafft und durch neue ‹Güter› ersetzt sowie der Handel komplett von Europa dominiert wurde. Der Kongo-Freistaat unter dem belgischen König Leopold II. setzte massiv Zwangsarbeit ein, um Kautschuk und Elfenbein zu erlangen. In einer von Gewalt, Gier und radikaler Ungewissheit geprägten Ausbeutungssituation, die mehrere Millionen Menschen das Leben kostete, führte man neue, als besonders wirkungsvoll erachtete und oft überlebensgroße Kraftfiguren – *mangaaka* – ein.

In den Besessenheits- und Maskenkulten sind der Körper als Archiv-Ort und die damit verbundenen Formen performativen Erinnerns und Aushandelns zentral. Aus Westafrika und hier besonders aus der kolonialen Goldküste, dem späteren Ghana, sind solche Kulte der in den Städten lebenden Wanderarbeiter aus dem Niger bekannt. Mittels bestimmter Körpertechniken und rhythmischer Klänge bringen sich die Mitglieder in Trance und werden von kolonialen Fremdgeistern – einem Gardekorporal, einem General oder Kommandanten, der Frau eines Arztes oder dem Geist einer Lokomotive – heimgesucht. Dabei sind es die Kleidung, bestimmte Attribute und Gesten, das Verhalten generell, durch das die Geister ihre Fremdheit ausagieren. Die Zuschauer erleben eine Aufführung, in der kurzfristig aufgenommen und kommuniziert wird, was im Alltag keinen Platz findet oder in offiziellen Diskursen stumm bleibt. Geister erscheinen hier als «Refraktionen von Erfahrungen», die geprägt sind von den ungleichen und von Gewalt durchzogenen kolonialen Machtverhältnissen – und die symbolisch unter Kontrolle gebracht werden. Während das performative Erinnern ein flüchtiges und temporär induziertes war, materialisierten sich Aspekte der afrikanischen Wahrnehmung Europas und besonders der kolonialen Begegnung permanent in den unterschiedlichsten Medien. Kolonialzeitliche Europäer- und Europäerinnen-Darstellungen sind entsprechend auch aus der Bildhauer- und Schnitzkunst überliefert. An der Loango-Küste im heutigen Angola wurden Olifanten nachweislich ab dem späten 19. Jahrhundert für europäische und amerikanische Auftraggeber nicht nur hergestellt, sondern auch mit ihren Bildnissen versehen. Ikonografisch gingen die Schnitzer auf die westliche Vorliebe für Tierszenen und die narrative Darstellung des europäischen Lebens – unter Auslassung der kolonialen Gewalt – ein. Ein Olifant mit dem Porträt des Plantagenbesitzers Robert Visser wurde höchstwahrscheinlich nach einer Fotografie gefertigt; anderen Stücken waren die Namen der Auftraggeber eingeschrieben. Was sich an diesen wenigen Beispielen bereits ablesen lässt, ist die Tatsache, dass die Beweggründe, Angehörige der Kolonialgesellschaft thematisch und ikonografisch darzustellen, vielfältig waren und von Neugier, Satire, offener Kritik bis hin zu Auftragsarbeiten für eben jene Akteure reichten. In jedem Fall waren sie in sehr komplexe Machtverhältnisse und koloniale Produktionsstrukturen eingebunden – denen die Künstler nicht als passive Rezipienten gegenüberstanden, sondern die sie aktiv mitgestalteten.

Mit der Entwicklung eines internationalen (Export-)Marktes für ‹authentische› afrikanische Kunst traten insbesondere in Regionen, die bereits vor der Kolonialisierung in transregionale Handelsnetzwerke eingebunden waren, neue Mäzene und Akteure auf. Zu ihnen zählten vor Ort lebende Angehörige der Kolonialgesellschaft, Soldaten, Missionare, aber auch freie oder von Museen beauftragte Wissenschaftler und Expeditionsteilnehmer. Es gilt sich zu vergegenwärtigen, dass die Kommerzialisierung, das bedeutet die monetäre Veräußerung von Artefakten und Kunstwerken, in der präkolonialen Gesellschaft nicht gänzlich unüblich war. Dennoch lässt sich generalisierend festhalten, dass bereits bestehende Tendenzen zur Kommodifizierung durch die koloniale Präsenz eindeutig verstärkt wurden und auch vormals nicht veräußerbare Objekte nunmehr in den Handel gelangten.

Ein Gebiet, in dem sich diese mehrfache Durchdringung von Kunstschaffen und kolonialer Macht besonders manifestierte, ist das westliche Kamerun. Silvia Forni (2016) spricht in diesem Zusammengang von einer kompletten Neuverhandlung von Form, Genre und Technik als Folge kolonialer Interventionen

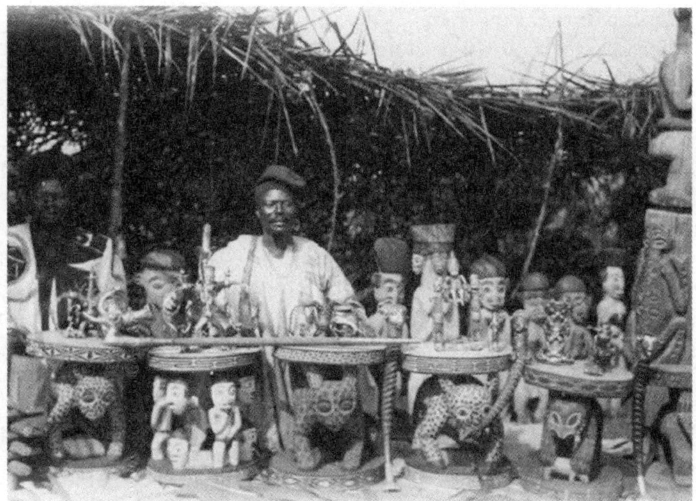

53 Die Aufnahme des Missionars Georg Schwab zeigt einen Verkaufsstand von kulturellen Objekten (1929). Aus dem Fotoarchiv des Peabody Museum of Archaeology and Ethnology, Harvard University

im Hochland von Kamerun – eine Region, die sich durch zahlreiche Fürstentümer mit jeweils hoch spezialisierten, höfischen Künsten auszeichnete. Bei aller Diversität des Kunstschaffens in dieser Region ließen sich sowohl ähnliche formale Tendenzen als auch große Übereinstimmungen die Objektgattungen betreffend identifizieren. Neben den imposanten, in Holzbauweise errichteten Palastarchitekturen mit ihren figürlich dicht beschnitzten Pfosten zählen dazu grob behauene Thronbildnisse und Ahnen-Gedenkfiguren, figürlich gestaltete perlenbesetzte Königshocker, Pfeifen und andere Prestigeobjekte wie blaue *ndop*-Stoffe. Besonders die Hauptstadt des Königreiches Fumban war nicht nur wichtiges Produktionszentrum, sondern auch überregionaler Umschlagplatz materieller Kultur – und eine überaus dynamische Stadt. Diese war geprägt durch einen experimentierfreudigen König. Die Einführung einer Bamum-Silbenschrift sowie eine gezeichnete Darstellung der Geschichte und der Bräuche des Reiches durch seinen Neffen stehen hierfür. Interessant ist die Gründung des *Artisanat de Foumban* 1927 als eine Kunst-Kooperative mit zahlreichen Werkstätten, die für ein erweitertes Klientel, bestehend aus lokalen wie internationalen Akteuren, auf der Basis älterer Stile und Prototypen zu neuen Gestaltungen gelangten. Zwar waren die älteren, nun mit dem Etikett des ‹Authentischen› von außen belegten Stücke begehrter, doch erwarben Sammler auch zeitgenössische Masken, Statuen und Dinge. Gleichzeitig wurden offenbar auch neue Objektkategorien eingeführt und historische Stile strategisch wieder aufgegriffen, da sie auf dem internationalen Markt besonders nachgefragt waren (Abb. 53). Sie erinnern an einen früheren Moment der Kunstgeschichte von Bamum, und unterscheiden sich von den älteren Objekten, zum Beispiel was den Gebrauch von Perlen anging. Die Künstler des *artisanat* beschränkten sich nicht auf Werke des Kameruner Berglandes, sondern produzierten in einer neuartigen Bandbreite, die auch Stile und Werke aus anderen Teilen Afrikas einbezog, darunter Benin-Köpfe, Kraftfiguren aus dem Kongo und andere kanonische Objekte. Ähnliche Entwicklungen der Institutionalisierung des älteren Kunsthandwerks sind aus dem Kongo bekannt. Hier ist ein Vorgang dokumentiert, bei dem in den 1930er Jahren Museen in direkter Absprache geschnitzte Miniaturmasken in Auftrag gaben, um enzyklopädisch das Kunstschaffen einer Region abzubilden. Worauf diese Beispiele verweisen, ist das komplexe Beziehungsgefüge miteinander interagierender Modernen, wie sie sich vor dem Hintergrund des Kolonialismus entwickelten. Einige Stile und neue Gattungen sind demnach eine direkte Reaktion auf den Kolonialismus und seine Kultur des Empires.

Epilog

Mit der fortschreitenden kolonialen Expansion und dadurch bedingten Transformationen änderte sich auch der Status von Objekten. Tausende Artefakte gelangten in den westlichen Kunsthandel und in Museumssammlungen. Handelte es sich nicht direkt um Objekte, die während gewaltsamer Übergriffe (‹Strafexpedition›) gestohlen wurden, so haben Kolonialbeamte, Händler, Reisende und Missionare doch sehr häufig von den durch Machtungleichheiten und Gewalt gezeichneten kolonialen Verhältnissen profitiert. Werke wurden zu günstigen Preisen erworben, gegen andere Güter getauscht oder unter Androhung von Zwangsmaßnahmen veräußert. Häufig zitiert ist eine Passage aus Michel Leiris' «Phantom Afrika», in der er den nächtlichen Diebstahl einer Statue beschreibt, die tagsüber in Gesprächen nicht zu bekommen war. In den aktuellen Debatten um Provenienzen und Restitution nehmen die Beninobjekte – meistens als Beninbronzen zusammengefasst, obgleich es sich um eine viel heterogenere Werkgruppe handelt – eine zentrale Rolle ein. Mittlerweile sind sie zu Ikonen kolonialen Raubgutes geworden, womit andere den Objekten eingelagerte Bedeutungen sowie ihre wichtige Rolle für eine globale Kunstgeschichte aus dem Blick geraten sind. Zweifelsohne sind die rezenten Eigentumsüberschreibungen der Beninobjekte an den nigerianischen Staat wie auch erste Restitutionen von Kulturgütern in die Republik Benin sowie zahlreiche andere aktuell verhandelte und diskutierte Rückführungen sehr zu begrüßen (Abb. 54). Sie sind längst überfällig, denn seit bald hundert Jahren kämpfen afrikanische Akteure und Akteurinnen um Restitutionen und einen Zugang zu den Objekten. Die gegenwärtig verfolgte Stigmatisierung von Artefakten aus Afrika und ihre ausschließliche Bestimmung als Zeugnisse kolonialer Repression trägt allerdings nicht zu einer nachhaltigen Dekolonialisierung von Sammlun-

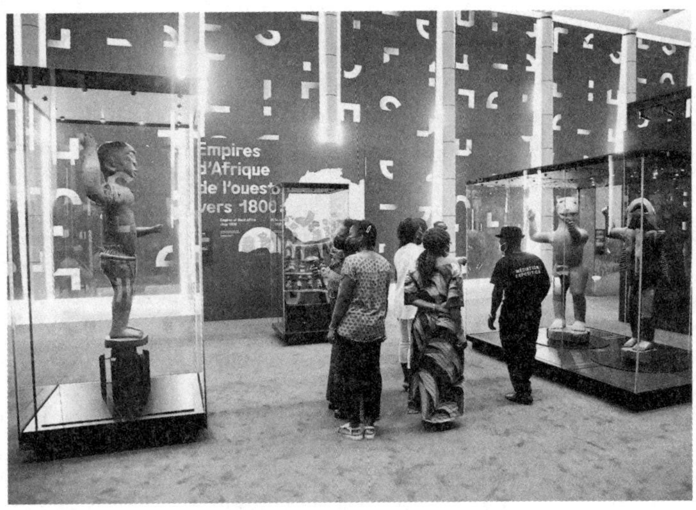

54 Blick in die Ausstellung «Kunst in Benin gestern und heute: Von der Restitution zur Offenbarung», Nationalpalast, Cotonou, Benin, Februar 2022

gen und wissenschaftlichen Disziplinen bei. Eine «forensische Kunstgeschichte» rückt vor allem westliche Belange und die Notwendigkeit, die koloniale Vergangenheit endlich anzuerkennen und aufzuarbeiten, in den Mittelpunkt. Sie riskiert, die Komplexität und Vielschichtigkeit der Objekte zu nivellieren und die mit ihnen verbundene Vielstimmigkeit zu übersehen und zu überhören. Neuere Artefakte-Theorien legen daher auch eher nahe, Objekte und Kunstwerke nicht als stabil, sondern als beständig im Fluss und von Geografien und Geschichten durchdrungen zu begreifen. Objekte haben eigene Biografien (Arjun Appadurai 1986), sie haben mitunter verschlungene und schwierige Itinerarien hinter sich. In ihnen manifestieren sich weitaus komplexere Geschichten, als es ihr eigentliches ‹Objekt-Sein› und die Intentionen, für die sie einmal hergestellt worden sind, vorgeben. Ihre materielle Objekthaftigkeit zieht «einen ständigen Strom von erklärenden oder beschreibenden Ausarbeitungen an» (Sidney Kasfir 2007). Diese in ihrer Komplexität und ihren Provenienzen über den kolonialen Kontext hinausgehend gemeinsam mit Kunstwissenschaftlern und Kunstwissenschaftlerinnen und anderen Akteurinnen und Akteuren aus Afrika und der Diaspora zu erforschen, ist Anliegen einer afrikanistischen Kunstgeschichte. Das bedeutet, neben den kolonialen Erwerbskontexten und ihren heutigen Verortungen die Objekte in ihrem Vorleben kennenzulernen und damit Informationen jenseits des kolonialen Archivs zusammenzutragen. So gesehen tragen insbesondere Museumsobjekte als mehrschichtige Dinge nicht nur die Potenzialität neuer Kontakte in sich, sondern auch die Möglichkeit, über das *Dazwischen der Dinge* nachzudenken. In diesem Sinne vermitteln manche Objekte nicht nur zwischen den Menschen und Geistern, sondern auch zwischen ihren kategorialen Bestimmungen als Ethnographica, Kunst und Kulturerbe. Darüber hinaus stellen sie häufig auch eine Brücke zwischen den historischen und der modernen und zeitgenössischen Kunst des Kontinents und der Diaspora dar.

Auswahlbibliographie und zitierte Literatur

Abiodun, Rowland, Drewal, Henry John und Pemberton, John (Hg.), The Yoruba Artist. New Theoretical Perspectives on African Arts, Washington 1994.

Abiodun, Rowland, Yoruba Art and Language. Seeking the African in African Art, Cambridge 2014.

Adams, Monni, Beyond Symmetry in Middle African Design, *African Arts* 23/1 (1989): 34–43, 102–103.

Adandé, Joseph, Tornay, Serge et al., Gu: un Dieu en armes, Paris1999.

Appadurai, Arjun (Hg.), The Social Life of Things. Commodities in Cultural Perspective, Cambridge 1986.

Basu, Paul, The Inbetweenness of Things. Materializing Mediation and Movement between Worlds, London 2017.

Ben-Amos, Paula Girshick, Art, Innovation and Politics in Eighteenth-Century Benin, Bloomington 1999.

Bhagwati, Annette, Modes of Aesthetic Display in African Art, in: von Bismarck, Beatrice, Mayer-Krahmer, Benjamin (Hg.), Curatorial Things, Leipzig 2019: 133–164.

Binkley, David, Darish, Patricia, Kuba, Mailand 2009.

Biro, Yaëlle, Fabriquer le Regard. Marchands, Réseaux et Objets d'Art Africains à l'Aube du xxe Siècle, Dijon 2018.

Blackmun, Barbara, Poynor, Robin und Herbert M. Cole, A History of Art in Africa, Hoboken, NJ 2007.

Boone, Sylvia Ardyn, Radiance from the Waters. Ideals of Feminine Beauty in Mende Art, New Haven 1990.

Brus, Anna, Knecht, Michi und Zillinger, Martin, Iconoclasm and the Restitution Debate, *HAU: Journal of Ethnographic Theory* 10/3 (2020): 919–927.

Cameron, Elisabeth, Coming to Terms with Heritage. Kuba Ndop and Art School of Nsheng, *African Arts* 45/3 (2012): 28–41.

Cole, Herbert M., Art as a Verb in Iboland, *African Arts* 3/1 (1969): 34–41, 88.

Cole, Herbert M., Ross, Doran, The Arts of Ghana, Los Angeles 1977.

Dworkin, Ira, Congo Love Song. African American Culture and the Crisis of the Colonial State, Chapel Hill 2017.

Eglash, Ron, African Fractals. Modern Computing and Indigenous Design, New Brunswick 1999.

Einstein, Carl, N***plastik, Leipzig 1915.

Einstein, Carl, Afrikanische Plastik, Berlin 1921.

Eyo, Ekpo, Two Thousand Years of Nigerian Art, London 1977.

Eyo, Ekpo, Willet, Frank (Hg.), Kunstschätze aus Alt-Nigeria, Mainz 1983.

Fabian, Johannes, Time and the Other. How Anthropology Makes its Object, New York 1983.

Fagg, William, Stämme und Formen in der Kunst Afrikas, Wiesbaden 1965.
Farris Thompson, Robert, African Art in Motion, Los Angeles 1974.
Fine, Jonathan, Selling Authenticity in the Bamum Kingdom in 1929–1930, *African Arts* 49/2 (2016): 54–67.
Forni, Silvia, Masks on the Move. Defying Genres, Styles, and Traditions in the Cameroonian Grassfields, *African Arts* 49/2 (2016): 38–53.
Förster, Till, Kunst in Afrika, Köln 1988.
Goldwater, Robert (Hg.), Senufo Sculpture from West Africa, New York 1964.
Herreman, Frank (Hg.), Material Differences. Art and Identity in Africa, New York und Gent 2003.
Hicks, Dan, The Brutish Museum. The Benin Bronzes, Colonial Violence and Cultural Restitution, London 2020.
Himmelheber, Hans, N***kunst und N***künstler, Braunschweig 1960.
Ivanov, Paola, Afrika–Europa in den (Kunst-)Objekten, in: Junge, Peter, Ivanov, Paola (Hg.), Kunst aus Afrika. Plastik, Performance, Design, Köln 2005: 35–47.
Kasfir, Sidney, One Tribe – One Style? Paradigms in the Historiography of African Art, *History in Africa* 11 (1984): 163–193.
Kasfir, Sidney, African Art and the Colonial Encounter. Inventing a Global Commodity, Bloomington 2007.
Kramer, Fritz, Der rote Fes. Über Besessenheit und Kunst in Afrika, Frankfurt 1987.
Locke, Alain, African Art. Classic Style, *The American Magazine of Art* 28/5 (1935): 270–278
MacGaffey, Wyatt et al (Hg.), Astonishment and Power. The Eyes of Understanding: Kongo Minkisi / The Art of Renee Stout, Washington 1993.
Meier, Prita, Swahili Port Cities. The Architecture of Elsewhere, Bloomington 2016.
Mudimbe, Valentin, The Invention of Africa. Gnosis, Philosophy, and the Order of Knowledge, Bloomington 1988.
Nevadomsky, Joseph, Airihenbuwa, Greg, Die Rituale des Königtums und der Hierarchie im Königreich Benin, in: Plankensteiner, Barbara (Hg.), Könige und Rituale. Höfische Kunst aus Nigeria, Antwerpen 2007: 119–129.
Nooter Roberts Mary, Secrecy. African Art that Conceals and Reveals, New York und München 1993.
Ogbechie, Sylvester Okwunodu, Making History. African Collectors and the Canon of African Art. The FemiAkinsanya African Art Collection, Mailand 2011.
Okoye, Ikemefuna Stanley, History, Aesthetics and the Political in Igbo Spatial Heterotopias, *Paideuma: Mitteilungen zur Kulturkunde* 43 (1997): 75–91.
Paudrat, Jean-Louis, Aus Afrika, in: Rubin, William (Hg.), Primitivismus in der Kunst des 20. Jahrhunderts, München 1986: 135–283.
Phillips, Ruth, Representing Women. Sande Masquerades of the Mende of Sierra Leone, Los Angeles 1995.
Pinther, Kerstin, Weigand, Alexandra (Hg.), Flow of Forms / Forms of Flow. Design Histories between Africa and Europe, Bielefeld 2018.

Plankensteiner, Barbara (Hg.), Könige und Rituale. Höfische Kunst aus Nigeria, Antwerpen 2007.

Preston Blier, Suzanne, Design, in: Desai, Gaurav, Masquelier, Adeline (Hg.), Critical Terms for the Study of Africa, Chicago und London 2018: 86–101.

Probst, Peter, What is African Art? A Short History, Chicago 2022.

Quarcoopome, Nii O., Akan Leadership and Status Objects, *Bulletin of the Detroit Institute of Arts* 91/1–4 (2017): 28–53.

Roberts, Mary, Roberts, Allen, Memory Luba Art and the Making of History, New York und München 1996.

Ross, Doran H. (Hg), Wrapped in Pride: Ghanaian Kente and African American Identity, Los Angeles 1998.

Rubin, Arnold, African Accumulative Sculpture. Power and Display, New York 1974.

Savoy, Bénédicte, Afrikas Kampf um seine Kunst. Geschichte einer postkolonialen Niderlage, München 2021.

Silverman, Debora L., Art Nouveau, Art of Darkness: African Lineages of Belgian Modernism, Part I, *West 86th. A Journal of Decorative Arts, Design History, and Material Culture* 18/2 (2011): 139–181.

Silverman, Debora L., Art Nouveau, Art of Darkness. African Lineages of Belgian Modernism, Part II, *West 86th. A Journal of Decorative Arts, Design History, and Material Culture* 19/2 (2012): 175–195.

Silverman, Raymond Aaron, History, Art, and Assimilaton: The Impact of Islam on Akan Material Culture, PhD diss. University of Washington 1983.

Silverman, Raymond Aaron, Material Biographies: Saharan Trade and the Lives of Objects in Fourteenth and Fifteenth-Century West Africa, *History in Africa* 42 (2015): 375–395.

Strother, Zoe, Gabama a Gingunu and the Secret History of Twentieth-Century Art, *African Arts* 31/1 (1999), 18–31, 92–93.

Strother, Zoe, Iconoclasm by Proxy, in: Latour, Bruno, Weibel, Peter (Hg.), Iconoclash. Beyond the Image Wars in Science, Religion and Art, Cambridge 2002: 458–459.

Strother, Zoe, Kibulu of Eastern Pende Chiefs in Central Africa, *Journal of the Society of Architectural Historians* 63/3 (2004): 272–295.

Vansina, Jan, Art History in Africa, London 1984.

Van Wyk, Gary, Illuminated Signs. Style and Meaning in the Beadwork of the Xhosa- and Zulu-Speaking Peoples, *African Arts* 36/3 (2003): 12–33, 93–94.

Vogel, Susan, ART/artifact. African Art in Anthropology Collections, New York und München 1989.

Vogel, Susan, Known Artists but Anonymous Works: Fieldwork and Art History, *African Arts* 32/1 (1999): 40–55, 93–94.

Wendl, Tobias, Zur Synthese ethnologischer und kunsthistorischer Zugänge am Beispiel der Kunst Afrikas, *Kritische Berichte* 12/2 (2012): 87–96.

Williams, Denis, Icon and Image. A Study of Sacred and Secular Forms in African Classical Art, London 1974.

Zahan, Dominique, Antilopes du Soleil, Wien 1980.

Bildnachweis

Abb. 1: The Metropolitan Museum of Art, New York (Public Domain, Gift of Ernst Anspach, 1999, Accession Number: 1999.295.14); Abb. 2: Museum am Rothenbaum Hamburg, Sammlung Leo Frobenius (Inventar-Nr. 4788:07, Foto: Paul Schimweg); Abb. 3: British Museum London (Af.2822); Abb. 4: nach Visonà, Monica Blackmun, Poynor, Robin, Cole, Herbert M., Harris, Michael D., A History of Art in Africa, New York 2000, S. 445; Abb. 5: nach Meier, Sandy Prita, Chinese Porcelain and Muslim Port Cities: Mercantile Materiality in Coastal East Africa, Art History 38/4, 2015, 702–717, S. 708 (National Archives of Scotland, Edinburgh); Abb. 6: Museum am Rothenbaum, Kulturen und Künste der Welt, Hamburg (Foto: Paul Schimweg); Abb. 7: Museum of African American Art, Los Angeles; Abb. 8: BNF Bibliothèque National de France (BNF); Abb. 9: Smithsonian National Museum of African Art, Washington DC; Abb. 10: nach Junge, Peter, Ivanov, Paola, Kunst aus Afrika. Plastik, Performance, Design. Berlin et al. 2005, S. 61; Abb. 11: Fotoarchiv Marburg; Abb. 12: nach Rubin, William, Primitivismus in der Kunst des zwanzigsten Jahrhunderts, München 1984, S. 162 (Foto: Alfred Stieglitz); Abb. 13: The Metropolitan Museum of Art, New York (Public Domain, Purchase, Buckeye Trust and Charles B. Benenson Gifts, Rogers Fund and funds from various donors, 1979, Accession Number: 1979.290); Abb. 14: nach Strother, Z. S., Gabama a Gingungu and the Secret History of Twentieth-Century Art Author(s), *African Arts* 1/32 (1999), S. 41 (Africa Museum Tervuren); Abb. 15: nach LaGamma, Alisia, Beyond Master Hands: The Lives of the Artists, *African Arts* (Herbst 1998), S. 52 (Courtesy of the Royal Anthropological Institute, London, Foto: William Fagg); Abb. 16: The National Commission for Museums and Monuments, Ife, Nigeria (Accession Number 79.R.7); Abb. 17: Staatliche Museen zu Berlin, Preußischer Kulturbesitz, Ethnologisches Museum; Abb. 18: Hersak, Dunja, Further Perspectives in Kifwebe Masks, *African Arts* 1/53 (2020), S. 13 (Foto: Dunja Hersak 1978); Abb. 19: Ulmer Museum; Abb. 20: Eyo, Ekpo, Two Thousand Years of Nigerian Art, London 1977, S. 85 (Foto: André und Ursual Held); Abb. 21: The Metropolitan Museum of Art, New York (Public Domain, The Michael C. Rockefeller Memorial Collection, Gift of the William W. Brill Foundation, 1962, Accession Number: 1978.412.459a-c); Abb. 22: © Man Ray 2015 Trust/VG Bild-Kunst, Bonn 2022; Abb. 23: Courtesy Gary van Wyk/Axis Gallery NY & NJ; Abb. 24: nach dem Festivalkatalog Festac '77. 2nd World Black and African Festival of Arts and Culture, hg. v. Africa Journal Limited, London, und The International Festival Committee, Lagos, Nigeria1977, S. 18 (National Museum, Lagos, Nigeria); Abb. 25: nach Visonà, Monica Blackmun, Poynor, Robin, Cole, Herbert M., Harris, Michael D., A History of Art in Africa. New York 2000, Frontispiz (The British Museum London); Abb. 26: nach Blier, Suzanne, Royal Arts of Africa.

The Majesty of Form, London 1998 (Musée Historique, Abomey); Abb. 27: bpk/RMN-Grand Palais/Hughes Dubois; Abb. 28: nach Philips, Tom, Afrika. Die Kunst eines Kontinents, München et al 1996, S. 445; Abb. 29: Peabody Museum, Harvard University; Abb. 30: bpk/The Metropolitan Museum of Art; Abb. 31: Detroit Institute of Arts (Accession Number 2018.204); Abb. 32: Museum Fünf Kontinente München/Staatliche Museen Bayern; Abb. 33: nach Quarcoopome, Nii O., Akan Leadership and Status Objects, *Bulletin of the Detroit Institute of Arts* 91/1–4 (2017): 28–53, S. 32 (Detroit Institute of Arts); Abb. 34: nach Mullen Kreamer, Christine et al (Hg.), Inscribing Meaning. Writing and Graphic Systems in African Art. Ausstellungskatalog National Museum of African Art, hg. v. Smithsonian Institution 2007, S. 34 (Fowler Museum, UCLA); Abb. 35: nach Quarcoopome, Nii O., Akan Leadership and Status Objects, *Bulletin of the Detroit Institute of Arts* 91/1–4 (2017): 28–53, S. 43 (Detroit Institute of Arts); Abb. 36: National Commission for Museums and Monuments, Nigeria; Abb. 37: Pitt Rivers Museum, University of Oxford (PRM 1998.208.15.11, Fotograf unbekannt); Abb. 38: Eliot Elisofon Photographic Archives, National Museum of African Art, Smithonian Institution Washington (DC EEPA EECL 7148); Abb. 39: Nach Festac '77. Spotlight, gedruckt von der Publicity Division, Academy Press Ltd., Lagos, Nigeria. o. J.; Abb. 40: Eliot Elisofon Photographic Archives, National Museum of African Art, Smithonian Institution Washington (DC EEPA EECL 7595); Abb. 41: nach Binkley, David, Darish, Patricia, Kuba, Mailand 2009 (Tafel 43); Abb. 42: © the Artist/Courtesy Axis Gallery NY & NJ; Abb. 43: Brooklyn Museum NYC; Abb. 44: University of Cambridge (Foto: Thomas Northcote); Abb. 45: nach Cole, Herbert M., Aniakor, Chike C., Igbo Arts. Community and Cosmos, Ausstellungskatalog, Los Angeles 1984; Abb. 46: nach Philipps, Ruth, Representing Woman, Los Angeles 1995, S. 154; Abb. 47: Foto: Kerstin Pinther; Abb. 48: The University of Iowa Musem of Art, Iowa City; The University of Iowa Museum of Art, Iowa City. Gift of Mr. Gaston de Havenon, 1974.158.; Abb. 49: Brooklyn Museum, Arts of Africa collection (Gift of Marcia and John Friede); Abb. 50: nach Mullen Kreamer, Christine et al (Hg.), Inscribing Meaning. Writing and Graphic Systems in African Art. Ausstellungskatalog National Museum of African Art, hg. v. Smithsonian Institution 2007, S. 21; Abb. 51: nach Strother, Zoe, Eastern Pende Construction of Secrecy, in: Nooter, Mary (Hg.), Secrecy. African Art that Conceals and Reveals, New York 1993:156–178, S. 162 (Foto: L. de Sousberghe, 1952); Abb. 52: nach Strother, Zoe, Iconoclasm by Proxy, in: Latour, Bruno, Weibel, Peter, Iconoclash. Beyond the Image Wars in Religion and Art, Cambridge 2002: 458–459, S. 459, gegenwärtiger Standort der Skulptur unbekannt; Abb. 53: nach Fine, Jonathan, Selling Authenticity in the Bamum Kingdom in 1929–1930, *African Arts* 49/2 (2016): 54–67, S. 55 (Peabody Museum of Archaelogy and Ethnology, Harvard University); Abb. 54: Foto: Pius Utomi Ekpei/AFP über Getty Images

Leider war es nicht in allen Fällen möglich, die Inhaber der Rechte zu ermitteln. Wir bitten deshalb gegebenfalls um Mitteilung. Der Verlag ist bereit, berechtigte Ansprüche abzugelten.